Par Marris
avec une prière
de Cuvolon

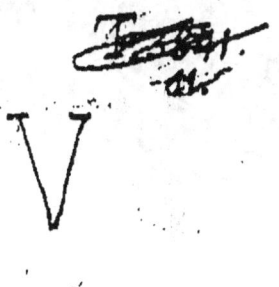

LES DONS DE COMUS,

OU

L'ART DE LA CUISINE.

RÉDUIT EN PRATIQUE.

NOUVELLE EDITION,

Revue, corrigée & augmentée par l'Auteur.

TOME SECOND.

Le prix est de sept livres dix sols relié.

A PARIS,

Chez Pissot, Libraire, Quai de Conti, à la Croix d'Or, à la descente du Pont-Neuf, au coin de la rue de Nevers.

M. DCC LVIII.

Avec Approbation & Privilége du Roi.

LES DONS DE COMUS,
OU
L'ART DE LA CUISINE
RÉDUIT EN PRATIQUE

SECONDE PARTIE.
CONTENANT la maniere d'apprêter toutes sortes de viandes, tant Cochon, Sanglier, Volailles & toute sorte de Gibier, &c.

CHAPITRE PREMIER.
du Cochon.

Tête de Cochon en façon de hure de Sanglier.

OUPEZ la tête près des épaules. Otez les bajoues. Dépouillez le muzeau, désossez le col, & ôtez la cervelle.

Entremets froids.

Tome II.   A

Vous pouvez la larder de gros lard. Mettez-la dans un vaiſſeau, aſſaiſonnez de ſel & ſalpêtre pilé, clous, laurier, baſilic, gingembre, macis, géniévre. Laiſſez-la dans le ſel ſept ou huit jours, dans un endroit au frais & bien couverte. Retirez-la, & la mettez dans un linge. Faites lui prendre la forme qui convient, & la mettez dans une marmite avec trois ou quatre bouteilles de bon vin rouge, oignon, thin, laurier, baſilic, deux ou trois livres de panne. Goutez la cuiſſon aux trois quarts pour voir s'il y a aſſez de ſel. Prenez garde qu'elle ne ſoit trop cuite. Tirez-la, & à demi froide, faites-la égoutter, & la ſervez froide.

Tête de cochon en balon.

Entremets froid.
Déſoſſez votre tête entierement. Levez la chair de dedans, mettez-la dans un plat, & la coupez en dez ou en tranches. Aſ-

saisonnez-la de sel, poivre, fines herbes, & épices, persil & ciboule. Maniez bien le tout ensemble. On peut mettre toute sorte de viandes, avec du jambon & des truffes si vous en avez.

Pour composer votre balon, vous le mettez dans une casserole ronde. Vous faites d'abord un lit de chaque sorte de viande que vous mettez dedans. Commencez par mettre un lit de tranches de cochon, un lit de tranches de langues de bœuf, un lit de lard, un de jambon, un de pistaches, un peu d'assaisonnement à chaque lit. Votre balon étant formé, passez une ficelle tout autour & le fermez comme une bourse. Faites-le cuire dans une braise bien foncée & bien garnie. Mouillez-le de bon vin blanc. Mettez du sel & autre assaisonnement, & un peu de bouillon. Faites cuire, laissez refroidir, & servez, soit entier ou coupé par tranches.

Plus il reste dans son assaisonnement & meilleur il est.

Langues de Porc fourées.

<small>Entremets froid.</small>

Echaudez-les pour ôter seulement la premiere peau. Essuyez-les bien, & ôtez un peu du cornet.

Ensuite vous aurez du geniévre, du laurier, de la coriandre, du thin, du basilic, & toute sorte de fines berbes, persil & ciboule, le tout séché au four & pilé dans le mortier. Mêlez avec du sel & du salpêtre pilé. Salez vos langues dans une terrine ou autre vaisseau. Il faut bien les serrer les uns contre les autres. Couvrez-les bien & mettez quelque chose dessus qui soit pésant. Laissez-les huit jours dans un endroit au frais. Ensuite vous les ôtez & les entonnez dans des boyaux de cochon. Ficelez les deux bouts & les mettez dans la cheminée pendant quinze jours, jusqu'à ce qu'elles soient séches. Ensuite faites-les cuire dans de l'eau, du vin, quelques oignons, & clous de girofle. Vous les servez froides ou chaudes.

Vous faites de même à celles de veau & de mouton.

Vous mettez l'assaisonnement à proportion.

Panache de cochon en petit salé.

Levez vos panaches & les faites mariner dans la même saumure que celle de la tête, mais pas si long-tems. Faites-la cuire dans l'eau & la servez avec une purée de poids verds ou secs, ou au naturel, avec un peu de bouillon, échalottes & moutarde. On peut les servir froides. Hors-d'œuvre.

Oreilles de cochon à la Sainte-Menehoult.

Après avoir salé vos oreilles, vous les faites cuire dans une Entremets chaud.

Sainte-Menehoult, de panne, oignon, clous, coriandre, laurier, basilic, bouillon & vin blanc, le tout bien doux. Tirez vos oreilles à demi-froides. Fendez-les un peu du côté du gras, & les écartez pour leur donner la forme qui convient. Tirez un peu de la graisse de leur cuisson. Panez-les avec, & vous en servez au besoin.

Les oreilles de cochon en petit salé, s'accommodent de même que les bajoues & les panages.

Oreilles de cochon au Parmesan.

Hors-d'œuvre. Etant cuites, douces, & moëlleuses, vous les pannez de mie de pain & de parmesan.

Entremets. Vous les trempez dans un peu de sain-doux bien nouveau, & leur faites prendre couleur au four sur des rôties de pain de la même forme. On les sert avec une sauce piquante. On peut les accommoder comme les palais de bœuf.

Oreilles de cochon en menus droits.

Faites-les cuire & les coupez en filets. Passez de l'oignon coupé en filets avec du lard fondu jusqu'à ce qu'il soit presque cuit. Singez un peu & mouillez avec moitié jus & moitié blond de veau. Laissez mijoter, & jettez dedans vos menus droits. En finissant un peu de moutarde & un filet de vinaigre. *Entremets.*

Pieds de cochon à la Sainte-Menehoult.

Nettoyez bien vos pieds, coupez-les en deux. Mettez entre chaque pied un morceau de lard, & un morceau de bois de chaque côté. Ficelez-les, afin qu'ils se tiennent droits. Garnissez une marmite de panne ou lard. Arrangez vos pieds. Assaisonnez de sel & fines herbes, & panne à chaque lit. Mouillez *Entremets chaud.*

A iiij

avec un peu d'esprit de vin, & de vin blanc, laurier & coriandre. Faites-les cuire sur des cendres chaudes pendant douze heures. Quand ils sont refroidis, tirez-les & les panez proprement. Faites les griller & les servez chauds.

Petit salé.

Hors-d'œuvre. Prenez du cochon de tel endroit que vous voudrez. Cependans les filets sont les meilleurs. Vous coupez les morceaux aussi gros que vous voudrez. Pilez du sel & en mettez une livre sur vingt livres de viande. Salez le tout ensemble pour bien faire prendre le sel. Arrangez-le dedans un vaisseau bien bouché, & vous en servez au bout de quatre à cinq jours. Vous le servez, soit à la purée, ou autre sauce. Plus le salé est nouveau & meilleur il est.

Queues de cochon à la Sainte-Menehoult.

Elles s'accommodent de même que les pieds. On en peut faire des hors-d'œuvres à plusieurs sauces. On peut les faire cuire dans une braise. *Hors-d'œuvre.*

Façon de faire le lard.

Il faut lever le lard de dessus le porc & y laisser le moins de chair qu'on pourra. Ayez du sel pilé. Salez votre lard & arrangez-le bien sur des planches dans la cave, mettez-y encore du sel tout autour & par-dessus. Mettez les morceaux l'un sur l'autre, chair contre chair. Il faut une livre & demie de sel sur vingt livres de lard ; laissez-le dans le sel le plus que vous pourrez. Ensuite vous le suspendez dans un endroit sec pour le sécher, & qu'il se fasse bien.

Pour faire le sain-doux, il faut éplucher la panne, ôter la peau qui s'y trouve, la battre & la mettre sur un petit feu avec un peu d'eau. Laissez-l'y long-tems afin qu'elle fonde à profit. Laissez-la cuire pour que le sain-doux se conserve. Passez & mettez au froid.

La crépine de cochon a son usage dans bien des occasions.

Le sang sert pour les boudins noirs & autres entrées au sang.

On peut le fricasser avec de l'oignon & du beurre, assaisonné de sel & de poivre. Le sang de veau de même, & celui d'agneau, cela peut servir aux pauvres gens qui n'ont pas le moyen d'acheter quelque chose de cher.

Oreilles de Cochon de lait, Marcassin, Faon, Biche, Chevreuil & autres.

Vous échaudez bien proprement vos oreilles, ensuite vous les faites dégorger à l'eau tiéde, puis vous les faites cuire dans de bon bouillon, avec une barde de lard & tranches de citron, & vous les servez avec telle sauce que vous jugez à propos. On peut aussi les farcir, les griller, les mettre au parmesan, aux petits oignons, &c. La cervelle du cochon de lait peut s'employer comme celle de l'agneau.

Du Boudin.

Boudin blanc de fraise de veau. ou d'agneau.

Vos fraises étant cuites, vous les hachez bien menus; vous passez de l'oignon haché dans une casserole avec un peu de lard, à petit feu, pour qu'il en cuise mieux. Vous le mêlez avec vos fraises hachées: vous y joignez une mie de pain molet, trempée & mitonnée dans la crême, un peu de farce ordinaire, deux jaunes d'œufs assaisonnés de sel & de poivre, un peu d'échalottes, un peu d'épices à boudin, de la panne coupée en dez ; mêlez bien le tout ensemble, goûtez-les, & en formez vos boudins à l'ordinaire : ou bien étendez des morceaux de crépine, sur lesquels vous mettez de votre appareil que vous enveloppez bien, & vous en formez des boudins. Vous les trempez dans un peu de saindoux, vous les panez & les faites griller à petit feu.

Boudin de cochon.

Hors-d'œuvre. Coupez de la panne en dez, la quantité dont vous avez besoin. Faites cuire des oignons dans la cendre, hachez-les bien, mettez-y du sang & de la crême. Assaisonnez de sel, de poivre & fines épices. Maniez bien le tout ensemble. Entonnez dans des boyaux de la grandeur que vous jugerez à propos. Ficelez-les à chaque bout. Faites bouillir de l'eau. Mettez-les dedans, remuez-les, & piquez pour voir si le sang ne sort plus. Alors le boudin est cuit. Laissez-les égoutter, & les faites griller pour les manger.

Le boudin de Sanglier se fait de même.

Boudin blanc.

Prenez de la chair de poularde, chapon ou dindon, cuite à la broche. Hachez-la bien. Mettez-la dans une casserole avec de la panne coupée en dez très-fin, de la mie de pain cuit dans du lait, & quatre ou six jaunes d'œufs cruds, une chopine de crême double, dans laquelle vous aurez fait bouillir une pincée de coriandre que vous ôtez. Assaisonnez de sel & épices, un peu d'échalottes, & quelques oignons cuits dans la cendre & hachés bien menus. Entonnez

Hors-d'œuvre.

dans des boyaux. Marquez avec du fil la longueur de votre boudin. On le fait cuire dans du lait. Il faut peu de tems pour le cuire. Piquez-le un peu pour faire sortir le vent qui s'y trouve, ce qui le feroit crever. Laissez-le refroidir; pour le manger on le fait griller sur du papier.

Boudin délicat.

Hors-d'œuvre. Hachez une quantité d'oignons bien menus. Faites-les cuire dans du sain-doux, deux livres de panne coupée en filets. Mettez-y huit jaunes d'œufs & quatre blancs fouettés, demi-septier de crême, une chopine de sang. Assaisonnez à l'ordinaire. Entonnez dans de petits boyaux. Liez les deux bouts. Faites-les blanchir à l'ordinaire. Quand il est froid, faites griller, & servez.

Boudin blanc de Lapin.

Hors-d'œuvre. Faites cuire à demi à la broche, deux ou trois lapins d'excellent fumet. Hachez-les bien. Faites infuser les flancs de vos lapins dans la crême, dans laquelle vous mettrez après avoir mitonné, un peu de mie de pain. Ayez de la panne en petits dez bien fins, de l'oignon cuit à la cendre. Maniez le tout ensemble avec six jaunes d'œufs. Mettez l'assaisonnement ordinaire de boudin, & finissez de même que le boudin blanc.

Boudin de foyes gras.

Hachez des foyes gras bien menus. Ayez presque autant de panne coupée en dez. Mêlez bien le tout ensemble, assaisonnez de sel, poivre, épices à boudin, un peu d'échalottes & quatre oignons cuits dans la cendre, & bien hachés, une chopine de crême que vous faites bouillir auparavant, dans laquelle vous concassez un peu

Hors-d'œuvre.

de coriandre, une pinte de sang de cochon ou veau. Remuez bien le tout ensemble sur un fourneau pour lui faire prendre goût. Entonnez-les dans des boyaux. Faites-les blanchir à l'eau. Piquez le boudin pour voir si le sang ne sort plus. Faites griller, & servez avec douze foyes gras : on peut faire huit bouts de boudin.

Autre boudin de foyes gras.

Hors-d'œuvre. Prenez de bons foyes gras ; coupez en dez, de moelle de bœuf en dez, du lard cuit en dez, une pinte de sang, chopine de crême. Assaisonnez à l'ordinaire. Entonnez dans des boyaux, faites-les blanchir. Faites griller légérement, & servez.

Boudin de Faisans.

Hors-d'œuvre. Il se fait de même que le boudin de lapin. Le boudin de perdrix se fait aussi de même, mais il faut leur en faire prendre le goût.

Boudin blanc de Payfan.

Trempez dans du lait pendant deux heures deux poignées de mie de pain. Jettez dedans huit jaunes d'œufs, de la panne en dez. Affaifonnez à l'ordinaire, & y mettez de l'oignon cuit à la braife. Maniez bien le tout enfemble, & entonnez votre boudin. *Hors-d'œuvre.*

Boudin d'Ecréviffes.

Ayez un cent de petites écréviffes de Seine, fi faire ce peut, parce que le rouge en eft plus beau. Faites-les cuire à l'eau. Epluchez toutes les coquilles. Gardez les queues & les œufs fi elles en ont. Coupez les queues en dez avec du lard cuit en dez, ou de la panne, & de la moëlle de bœuf auffi en dez, les blancs d'une poularde hachés bien menu, un peu de mie de pain mi- *Hors-d'œuvre.*

tonnée dans la crême, six jaunes d'œufs, & deux blancs fouettés, quelques foyes gras coupés auſſi en petits dez, & l'aſſaiſonnement ordinaire. Maniez bien le tout enſemble. (cela s'appelle beurre d'écréviſſes) Faites fondre une livre de beurre frais battu. Jettez dedans vos écréviſſes pilées. Faites les mijoter environ une heure ſur le feu pour que votre beurre prenne bien la couleur. Paſſez-les à l'étamine à force de bras. Mettez-les dans votre appareil de boudin, le tout bien mêlé enſemble. Faites égoutter & entonnez dans les boyaux. Faites blanchir à l'ordinaire & piquez un peu. Faites griller légérement.

Façon de faire les cervelats

Entremets froid. Prenez de la chair de porc le plus tendre, ſurtout qu'elle ſoit bien entre-lardée, hachez-en la quantité qu'il vous en faut. Ensuite assaisonnez de sel, poivre, & les épices à l'ordinaire, emplissez vos boyaux de telle grosseur que vous jugerez à propos. Ficelez les deux bouts, faites les fumer à la cheminée pendant deux jours, ensuite faites les cuire dans du bouillon doux, ensuite les mettez au frais. Il faut deux heures & demie pour les cuire.

Cervelat à l'oignon.

C'est la même composition que les autres, vous y joindrez une demi-douzaine d'oignons blancs, plus ou moins, selon que l'on l'aime. Il faut le hacher bien menu, & le faire cuire aux trois quarts dans un peu de lard fondu, ensuite le laisser refroidir, & le hachez bien fin, & l'incorporez avec votre appareil ; formez votre cervelat à l'ordinaire, & le finissez de même.

Entremets froids.

Cervelat à l'échalotte.

Vous y faites la même cérémonie que ci-devant, on en fait à l'ail de même.

Cervelat aux truffes.

Entremets froids.

C'est la même chose, vous y mettez des truffes hachées la quantité que vous jugez à propos.

L'on fait des cervelats de lièvre, faisans & autres.

Façon de faire des saucisses de cochon & autres.

Prenez de la chair de dessus le tendron, entre le lard & la poitrine, parce qu'il y a plus de gras que de maigre. Assaisonnez d'épices & un peu de sel. Entonnez dans des boyaux qui soient propres. Vous pouvez prendre des boyaux de cochon, veau ou mouton. Faites vos saucisses de la longueur que vous jugerez à propos. Faites griller & servez.

Saucisses aux truffes.

Hors-d'œuvre.

Ayez du veau ou du porc frais haché. Mettez-y une ou deux truffes hachées. Mêlez bien le tout ensemble, & assaisonnez comme ci-devant.

Saucisses au persil.

Faites comme ci-devant, & mettez assez de persil pour qu'il domine.

Vous faites des saucisses à l'ail, à l'échalotte, à l'oignon, mais la base est toujours la même que ci-dessus.

Hors-d'œuvre.

Saucisses à l'Allemande.

Ayez de la chair de porc frais que vous concassez seulement aussi bien que la panne. Marinez cet appareil dans une terrine avec du vin du Rhin. Laissez égoutter & assaisonnez comme ci-devant. Vous l'entonnez de même. Mettez quelques jours les saucisses à la cheminée, & faites griller.

Hors-d'œuvre.

Saucisses plates.

Hors-d'œuvre.

Elles se font de même que les saucisses à boyau. Vous les mettez dans crépines de porc, & les faites griller à l'ordinaire.

Saucisses de veau à la moëlle.

Hors-d'œuvre.

Hachez du veau comme du porc frais. Mettez-y de la moëlle de bœuf en dez. Assaisonnez de sel, poivre, épices. Enveloppez cet appareil dans de la crépine, & lui donnez telle forme que vous voudrez.

Saucisson de venaison.

Entremets froid.

Prenez douze livres de sanglier. Arrosez-le de vin muscat, & le mettez dans un linge entre deux planches chargées d'un poids bien pesant pendant deux jours. Hachez cette chair, ôtez la peau & les nerfs. Mettez six livres de panne. Assaisonnez avec une once de macis en poudre, une once de girofle écrasé, & douze onces de sel. Mêlez bien le tout enfemble. Arrofez de vin mufcat, & mettez dans une terrine pendant douze heures, avec un peu de falpêtre pour rougir. Enfuite vous entonnez dans de gros boyaux de bœuf. Vous pouvez y mettre quelques oreilles de porc coupées en filets. Laiffez égoutter, & faites-les enfumer à la cheminée jufqu'à ce qu'ils foient bien fecs, & vous en fervez cruds.

Pain de boudinaille.

Foncez une cafferole de bardes de lard & d'une crépine. Prenez une pinte de fang, une livre & demie de panne, cinq ou fix oignons coupés bien minces, & paffez avec un peu de panne jufqu'à ce qu'ils foient cuits, ou bien des oignons cuits dans la cendre. Mettez perfil, ciboule, échalottes, le tout haché bien menu. Liez de huit jaunes d'œufs, affaifonnez de fel

Entrée.

& épices à boudin. Mettez le tout ensemble, & versez dans votre crépine, recouvrez & mettez cuire au four à petit feu. Dégraissez, & servez avec un peu de blond de veau.

Différentes façons de servir les saucisses.

Saucisses au Parmesan.

Formez des saucisses longues comme le pouce, ficelez-les des deux côtés. Faites les cuire dans une casserole avec du vin de Champagne, quelques oignons, basilic, clous, un peu de bouillon. Quand elles sont cuites, faites les égoutter. Otez la peau. Ayez des croutons de pain frits dans l'huile. Mettez dans le plat que vous voulez servir, un peu de blond de veau, du parmesan rapé, vos croutons & les petites saucisses que vous avez trempées dans du beurre &

Hors-d'œuvre.

& moutarde. Panez avec le parmesan. Arrangez bien dans le plat. Mettez sur un petit fourneau pour former le gratin. Faites prendre couleur avec un couvercle ou au four. Dégraissez, mettez un peu de blond de veau, & servez.

Saucisses au vin de Champagne.

Faites cuire vos saucisses dans une petite braise légere, mouillez avec de l'huile & du vin de Champagne. Assaisonnez légerement, & faites cuire doucement. Faites-les égoutter & passez la cuisson que vous faites réduire, mettez-y un peu de blond de veau. Dégraissez, & servez avec le jus d'un petit citron. *Hors-d'œuvre.*

Saucisses à la poële.

Mettez dans une casserole de petites saucisses plates avec deux pains de beurre, deux gousses d'ail, un bouquet, quelques champignons hachés bien me- *Hors-d'œuvre.*

nus, perfil, ciboule, échalottes, une tranche de jambon, quelque morceau de veau blanchis. Faites mijoter le tout sur des cendres chaudes & bien couvert. Quand elles font cuites, découvrez votre casserole & jettez dedans un peu de consommé & de blond de veau. Dégraissez, & servez.

On peut mettre du fenouil si on veut.

Saucisses en matelotte.

Hors-d'œuvre   Passez de l'oignon. Etant cuit mouillez avec du vin rouge, un peu d'eau, du sel, du poivre, deux feuilles de laurier. Jettez dedans des saucisses plates. Faites cuire le tout. En finissant, mettez une pincée de capres hachées bien menues avec un anchois, des croutons de pain, & une petite pointe de vinaigre. Servez. Courte sauce.

Saucisses en crépines.

Ayez des saucisses cuites au vin de Champagne. Otez la peau, passez des oignons blancs hachés avec du lard fondu. Faites les cuire doucement. Laissez les refroidir, ensuite mettez du lard rapé, du sel, du poivre, un peu d'anis pilé. Mêlez bien le tout ensemble. Prenez des morceaux de crépines larges comme le creux de la main. Mettez de votre appareil dessus, ensuite de la saucisse, puis des filets d'anchois bien dessalés. Remettez de l'appareil & enveloppez votre saucisse. Panez & faites prendre couleur au four. Servez avec du blond de veau. *Hors-d'œuvre.*

Saucisses, sauces aux truffes.

Ayez des saucisses de veau à la moëlle. Foncez une casserole de bardes de lard. Faites un lit de tranches de truffes, un lit de saucisses plates & par-dessus des *Hors-d'œuvre.*

truffes. Remettez quelques bardes. Aſſaiſonnez légérement. Faites étouffer le tout ſur des cendres chaudes. Etant cuit, laiſſez égoutter les truffes & les ſauciſſes. Dégraiſſez le fond de la cuiſſon que vous mêlez avec un peu de blond de veau, & jettez ſur vos ſauciſſes & truffes.

Vous mettez les ſauciſſes aux choux, à la purée de navets ou poids, & autres ſauces.

De l'Andouille.

Andouille de cochon.

Hors-d'œuvre. Ayez des boyaux propres pour les andouilles. Coupez-les de la longueur que vous jugerez à propos. Faites-les tremper dans du vin de Champagne avec quelque aſſaiſonnement pour leur ôter le goût de la chaircuiterie. Coupez de la panne en filets, des boyaux de cochon en filets, quelques morceaux de porc en filets. Assaisonnez le tout de sel, poivre & épices à boudin, un peu d'anis pilé. Emplissez vos boyaux de maniere qu'ils ne soient pas trop pleins, parce que cela les feroit crever en cuisant. Ficelez les deux bouts. Faites-les cuire dans du bouillon ou de l'eau, du lait, sel, clous, basilic, laurier & de la panne. Quand elles sont cuites, laissez les refroidir dans leur bouillon. Les andouilles à la coënne se font de même, vous y mettez de la coënne de jeune cochon coupés en filets, c'est toujours le même assaisonnement.

Andouilles de fraises de veau ou d'agneau.

Prenez des boyaux comme ci-devant, bien propres & bien nettoyés. Vous coupez en filets des fraises de veau ou d'agneau, de la panne ou petit lard assai- (Hors-d'œuvre.)

sonné à l'ordinaire. Formez vos andouilles.

On ne les faits pas autrement à Troyes & à Rouen.

Andouilles à la Provençale.

Hors-d'œuvre. Coupez en filets des oreilles de veau que vous avez fait blanchir, ayez des filets de poularde, du petit lard, de la fraise de veau, de la panne, le tout mêlé ensemble. Passez des filets d'oignons dans un peu de lard. Mettez-les avec vos filets. Assaisonnez de sel, poivre, persil, ciboule, échalottes & épices, le tout manié ensemble. Entonnez dans des boyaux, faites cuire dans une braise légere, & les laissez refroidir dans leur sauce. Faites les griller comme les autres.

Andouilles à la coënne aux choux.

Hors-d'œuvre. Prenez deux ou trois petites andouilles que vous faites blanchir. Vous les empotez dans une petite braise avec des quartiers de choux de Milan bien blanchis. Servez dessus du blond de veau.

Andouilles à la créme.

Ayez des fraises de veau bien blanches, de la poitrine de porc, & une oreille, le tout coupé en filet, que vous mettez dans une casserole avec des filets de poularde, du petit lard, de la panne, des oignons blancs en filets. Assaisonnez d'épices, sel & poivre. Faites cuire à moitié dans de la panne fondue. Ayez de la mie de pain cuite à la crême & huit jaunes d'œufs. Emplissez des gros boyaux de porc ou autre bien nettoyés. Liez les bouts. Faites les cuire dans une Sainte-Menehoult ou braise blanche pendant quatre heures. Laissez-les refroidir dans leur cuisson. Et les servez au naturel ou grillées.

Hors-d'œuvre.

Andouilles à la Ste-Menehoult.

Hors-d'œuvre.

Ayez une perdrix de bon fumet, un lapreau, fraise de veau blanchie, foyes gras, de la tetine de veau, de la chair de poularde, & de poitrine de porc, dont vous prenez le dessus. Coupez le tout en petits filets. Mettez dans une casserole un quarteron de panne coupé en gros dez avec cinq ou six oignons blancs coupés en filets bien minces. Faites-les cuire à petit feu avec la panne. Ensuite mettez dans votre casserole toutes les viandes ci-dessus. Assaisonnez de sel, poivre, muscade, persil, ciboule, échalottes, un demi-septier de crême, un peu de basilic & d'épices ; le tout bien manié ensemble. Formez vos andouilles de la longueur environ de six pouces. Ficelez les deux bouts. Faites-les blanchir, & les faites cuire dans une braise mouillée d'un verre de vin blanc, & nourrie de tous les défoſſemens de la viande. Etant cuites & refroidies, trempez-les dans un peu de graiſſe de la braiſe où elles ont cuit. Panez-les de mie de pain, faites les griller, & ſervez avec le jus d'un citron.

On peut les manger à pluſieurs autres ſauces.

Andouilles de bœuf.

Prenez du gras-double bien entrelardé que vous coupez en filets bien minces, ainſi que de la tetine de veau, de la langue de bœuf & du petit lard ; le tout préparé comme les andouilles à la Provençale, & les finiſſez de même. Hors-d'œuvre.

Andouilles de palais de bœuf &
de gras-double.

Ayez des robes d'andouilles qui ſe prennent chez les Chaircuitiers. Faites-les bien dégor- Hors-d'œuvre.

B v

ger pour ôter le goût de boyaux. Ensuite ayez des palais de bœuf bien blanchis, épluchez & coupez en filets. Ayez aussi du gras-double bien nettoyé, bien blanchi & coupé en filets de travers. Vous y joindrez un peu de petit lard en filets, & de la tetine de veau de même : assaisonnez le tout de sel & d'épices. Ayez cinq ou six gros oignons blancs que vous émincez. Vous les faites cuire avec du lard fondu, ensuite vous les mettez dans votre appareil. Maniez bien le tout ensemble, mettez-y quelques jaunes d'œufs, goutez & puis formez vos andouilles. Il ne faut pas trop les remplir ; cela les feroit créver. Vous les faites de la longueur d'un demi-pied plus ou moins, ensuite vous les faites blanchir un bouillon, & les faites cuire dans une braise légere, mouillée de vin de Champagne. Vous les faites cuire pendant trois heures; puis vous les laissez refroidir dans leur assaisonnement. On les mange grillées, ou on les met à telle sauce que l'on juge à propos.

On fait en général des andouilles de tout ce que l'on veut; pourvu que ce qu'on employe soit bon; on réussit toujours avec de l'attention.

Echignée de port au demi-sel.

Ayez une échignée de porc frais de bon acabit. Mettez-la sur un plat, sel dessus & dessous pendant deux jours. Mettez-la ensuite à la broche, & la servez avec une poivrade liée, ou sauce Robert. *Entrée.*

Le cochon veut être bien cuit, autrement il est indigeste.

Côtelettes de porc frais.

Elles s'accommodent de même que celles de veau, quand *Hors-d'œuvre.*

elles sont tendres. Le filet de même.

Grosse Entrée. L'épaule de cochon se met au four & à d'autres sauces, comme celle de veau. On en fait aussi des jambons.

La cuisse de cochon sert à faire des jambons : mais les bons viennent de Mayence, Bayonne & autres lieux.

Semelle de filets mignons de porc frais.

Hors-d'œuvre. Ce sont les petits filets du dedans que vous levez proprement, vous les coupez en deux ou trois, s'ils sont biens longs, vous les applatissez avec le dos du couteau, & les marinez avec deux pains de beurre, sel & poivre concassé, quelques petites herbes, ensuite vous les faites griller, & les servez avec une petite sauce légere & courte.

Une autre fois vous les servez

comme les gribelettes de veau à l'orange.

Du Jambon.

Façon de faire le Jambon.

Coupez le jambon proprement, & le mettez dans un vaisseau, moitié sel, & moitié salpêtre, que vous manierez bien ensemble. Couvrez-le & le fermez bien. Ensuite faites une saumure de sel & salpêtre, moitié eau & moitié lie de vin. Mettez-y infuser toutes sortes d'herbes odoriférantes. Laissez reposer & la passez. Mettez-y votre jambon l'espace de quinze jours. Ensuite vous le tirez & l'essuyez-bien. Pressez-le & le faites sécher à la cheminée ou dans un endroit sec.

Pour le conserver, il faut le frotter d'eau-de-vie ou vinaigre, le mettre dans le tonneau, & y mettre de la cendre par-tout.

Vous pouvez le frotter avec de la lie de vin & vinaigre, & y mettre de la cendre.

Façon de faire des jambons de Mayence.

Levez vos jambons & les étendez bien pour leur faire prendre le pli. Mettez-les à la cave pendant quatre jours. Il en sortira de l'eau qu'il faudra essuyer fort souvent. Mettez-les entre deux planches bien serrées & les y laissez autant de tems qu'il y a que le porc est tué. Ensuite salez avec sel, poivre, clou & anis battu. Laissez-les prendre sel l'espace de neuf jours. Mettez-les ensuite dans de la lie de vin pendant neuf autres jours. Après quoi vous les enveloppez de foin, & les enterrez dans la cave, dans un endroit qui ne soit pas humide. Ensuite vous les pendez à la cheminée, & les faites parfumer deux fois par jour avec du géniévre. Puis vous les pendez au plancher dans un lieu sec.

Saucisson à la Dauphine.

Ayez de la chair de porc, la même quantité que si vous vouliez faire un gros cervelat, surtout qu'il y ait beaucoup de gras, vous y joindrez la chair de Perdrix ou Faisans, une petite noix de mouton, deux tetines de veau, le tout haché bien menu, assaisonnés comme les cervelas, vous le gouterez, pour voir s'il est au point de l'assaisonnement qu'il convient. Ensuite vous y joindrez du lard en dez, des pistaches, des truffes en dez qui soient bonnes, des petits œufs, gros comme le bout du petit doigt, que vous ferez bien durcir auparavant, maniez bien le tout ensemble, joignez-y quatre œufs entiers, c'est-à-dire, blanc & jaune, étendez une crépine dans un moule de

<small>Entremété froid.</small>

fer blanc ou de cuivre fait en Dauphin : mettez-y tout votre appareil, recouvrez de bardes de lard, enveloppez bien le tout. Faites cuire dans une casserole ovale, avec l'assaisonnement d'une bonne braise, le tout à petit feu ; il faut trois heures. Quand on n'a point de moule, on enveloppe cet appareil dans de la crépine, vous formez votre saucisson quarré en mettant quatre petites planches de la même longueur, le tout ficelé. Vous le faites cuire de même, & vous le laissez refroidir dans son assaisonnement. Vous le servez entier ou en tranches.

Différentes façons d'accommoder & de servir le Jambon.

Entremets froid.

Jambon à la Bourgeoise.

S'il est nouveau, vous ne les

faites point deſſaler. Vous le parez ſimplement par-deſſous, &
le lavez un peu. Faites-le cuire
enſuite dans un chaudron plein
d'eau, avec un peu de thin,
laurier, baſilic, quelques clous
de girofle, le tout à très-petit
feu. Sur la fin vous y mettez
du vin ou de l'eau-de-vie. Il
lui faut ſept heures pour cuire.
A demi-froid, vous le laiſſez
égoutter, vous levez la coënne,
& jettez deſſus de la chapelure
de pain bien pilée avec du perſil haché & du poivre concaſſé.

Jambon à la braiſe.

Deſſalez-le & le faites cuire
comme ci-devant aux trois quarts.
Faites égoutter & le mettez dans Entrée.
une braiſe bien foncée. Mouillez avec du vin de Champagne
ou d'autre vin. Il faut qu'il ſoit
bien cuit & doux. Vous le tirez
& levez la coënne. Dégraiſſez,

& servez avec une sauce à l'Espagnole, ou sauce pointue, ou quelques légumes, comme épinars, oseille, choux-verts & choux-fleurs.

Jambon à la daube.

Entremêts froid. Dessalez, & faites cuire à moitié comme ci-devant. Mettez-le dans une braise de veau bien foncée. Mouillez d'excellent bouillon & vin de Champagne, laurier, basilic, clou, coriandre, tranches de citron, le tout à petit feu. Quand il est cuit levez la coënne & la laissez refroidir. Servez-le avec le fond de la cuisson qui doit être en gelée.

Jambon au cingarat.

Entremêts. Coupez des rouelles de jambon bien minces. Passez-les à la poële avec du lard fondu. Servez-le avec un filet d'eau, de vinaigre, & poivre concassé.

Rôties en Jambon.

Coupez des tranches de jambon de la forme que vous voudrez. Coupez autant de rôties de pain. Faites dessaler un peu le jambon s'il est trop salé. Ressuyez-le bien & mettez les tranches dans une casserole assez grande pour que les rôties ne soient pas l'une sur l'autre. Frottez de lard fondu & de beurre de Vanvres. Faites-les suer sur des cendres chaudes assez long-tems. Quand elles sont cuites, faites prendre couleur à votre pain ; dressez les rôties dans le plat, les tranches de jambon dessus. Faites la sauce avec la même casserole, dans laquelle vous mettez un peu d'eau, ensuite un peu de blond de veau, le tout bien doux. Dégraissez, & mettez une petite pointe de vinaigre.

Le jambon qui s'employe pour différentes sauces, doit être

d'un bon goût, & veut être employé sagement.

Jambon à la broche.

Entremets ou Entrée. Prenez un jambon nouveau, parez-le par-dessous, & le faites tremper pendant deux ou trois jours; on peut le mariner avec du vin d'Espagne pendant une demi-journée. Embrochez-le & le couvrez par dessous de bardes de lard ou crépines. Vous le faites cuire à la broche à petit feu pendant six heures & plus s'il est gros. Vous l'arrosez continuellement avec de l'eau chaude que vous mettez dans la léchefrite, cela fait sortir le sel, au lieu que le vin resserre la viande & empêche le sel de sortir. Etant presque cuit, vous levez la coënne & lui faites prendre belle couleur. Vous le panez légerement de chapelure ou mie de pain.

Pour la sauce, vous faites réduire le vin dans lequel il a mariné. Vous y joindrez le jus qu'il aura rendu au sortir de la broche. Dégraissez & servez.

On peut le servir avec une sauce pointue.

Observation pour ce qui concerne le Cochon.

Le cochon est une viande fort dure à digérer. Pour être bon la chair en doit être rougeâtre. Il n'est bon qu'à six ou huit mois. Alors il est excellent à rôtir & à faire du petit salé.

Il faut l'engraisser avant que de le tuer, & le laisser mortifier le plus que l'on pourra. Prenez garde qu'il ne soit ladre. On le connoît par les petites taches blanches qu'on voit dans la chair des cochons ladres.

Il doit avoir la chair ferme & ne sentir ni l'échauffé ni aucun mauvais goût.

Pour la panne & le lard, le

cochon doit avoir un an ou quinze mois, & plus.

Il faut employer le plus nouvellement qu'on peut, les boudinailles, saucisses & cervelats, parce que quand ils sont vieux ils sont sujets à se créver & à s'échauffer.

Le cochon de lait n'est bon qu'à trois semaines. Dès qu'on le retire de dessous la mere, on l'échaude sur le champ.

Du Cochon de lait.

Cochon de lait rôti.

Entrée en rôti. Faites chauffer de l'eau dans un grand chaudron bien propre. Quand l'eau est plus que tiéde, mettez votre cochon dedans en le tenant par la tête ou par les pattes de derriere. Remuez toujours jusqu'à ce que l'eau soit assez chaude ; ce qui se voit quand la queue commence à quitter son poil. Pour lors vous

le tirez de l'eau & le frottez dessus une table bien propre avec
la main à force de bras. Tandis
qu'il est chaud, vous le vuidez
& lui troussez les pattes avec
deux brochettes. Laissez-le mortifier un jour, ensuite vous l'embrochez avec un bouquet dans
le corps, du sel & du poivre.
Quand il commence à sécher
vous l'essuyez bien avec un linge
blanc, & le frottez de bonne
huile. Il faut que la peau soit
croquante.

Cochon de lait au Pere-douillet.

Etant échaudé & mortifié, coupez-lui la tête & le reste en quatre quartiers. Foncez une casserole de bardes de lard. Arrangez votre cochon dessus avec la tête. Assaisonnez de clous, muscade, macis, gingembre, canelle, laurier, sel, poivre, citron, quelques oignons, carottes & panais. Recouvrez de

Grosse Entrée.

bardes de lard & de veau. Mettez-le suer sur un petit feu, ensuite mouillez avec du vin blanc & un peu d'excellent bouillon. Laissez mijoter jusqu'à parfaite cuisson. Laissez égoutter, & servez froid ou avec sa gelée qui est le bouillon de sa cuisson, que vous passez & clarifiez s'il en est besoin.

<small>Plusieurs Entrées.</small> Vous pouvez servir chaque quartiers de cochon à plusieurs fois différentes, & avec telle sauce que vous voulez, purée, poids nouveaux, ou en petit salé. Pour cela vous le mettez au demi-sel, deux jours seulement, & vous le faites cuire comme du petit salé, & le servez de même.

Blanquette de Cochon.

<small>Hors-d'œuvre.</small> Faites rôtir votre cochon à la broche. Coupez les cuisses bien minces & les filets de même. Passez des champignons, singez, mouillez

mouillez & finissez comme celle de veau, de manière pourtant qu'elle soit plus relevée.

Cochon de lait fourré.

Etant échaudé, vous le désos- Entrée. sez entiérement, & ne lui laissez que la tête & les pieds. Mettez dans le corps une bonne farce de veau, lard, graisse de bœuf. Assaisonnez à l'ordinaire. Faites-le cuire ensuite dans une poissonniere sur le dos, bien couvert de bardes de lard. En le faisant cuire, vous lui faites prendre la forme qui convient. Mouillez votre braise avec du vin & du bouillon. Servez froid ou chaud.

Les pieds de cochon s'apprê- Hors-tent comme les pieds d'agneau. d'œuvre.

Galantine de cochon de lait.

Coupez la tête & les pieds. Entremets Levez la peau sans la déchirer, froid. étendez-la proprement sur la table. Faites une farce ordinaire bien consistante avec toutes sortes d'assaisonnemens sans ciboule. Ayez des filets de lard de la largeur de votre galantine, des filets de jambon, des filets de cochon, des truffes, des pistaches, des œufs durs, des amandes, le tout arrangé avec art, de la façon qui suit.

Vous mettez d'abord sur la peau un lit de farce, des filets de lard, des jaunes d'œufs & pistaches à la suite l'un de l'autre, du jambon, des amandes, des truffes. Faites de même jusqu'à la fin. Remettez de la farce par-dessus tous vos filets. Passez la main par-dessus avec des œufs battus. Roulez bien votre galantine, ensuite vous l'enveloppez dans des bardes de lard, & une serviette bien serrée, & ficelée par les deux bouts. Faites-la cuire dans une braise. Il faut qu'elle soit assaisonnée légerement en dedans.

Servez-la froide, coupée par morceaux ou entiere.

On peut faire avec la peau d'un cochon de lait plusieurs hors-d'œuvres, soit en roulade, soit en pain, soit en poupiettes piquées ou non. Vous mettez dedans ou farce, ou filets de viande en truffes, ou toute autre chose à votre choix. *Plusieurs Hors-d'œuvres.*

Du Cochon sauvage ou Sanglier.

LA hure de sanglier s'accommode comme la tête de cochon. *Entremets froid.*

Les filets de sanglier se piquent avec de moyen lard. On les marine, & on les sert avec une sauce pointue.

Le quartier de sanglier piqué se met à la broche. *Grosse Entrée.*

Le cuisseau de sanglier se met à la daube. (Voyez le cuisseau de veau.)

Le sanglier en bœuf à la mode. (Voyez le bœuf.)

Haricot de poitrine de sanglier. (Voyez le mouton.)

On fait du salé de sanglier.

Le marcassin se sert pour rôt bien piqué.

Le cerf s'accommode comme le sanglier.

Le chevreuil de même.

Le dain, le faon, la biche, de même.

Observation.

Le sanglier est bon quand il va au grain ou qu'il est de compagnie.

La laye est un peu plus délicate. L'un & l'autre doit être un peu mortifié.

Le marcassin de l'année est préférable.

Les chevreuils les plus délicats, sont ceux qui vont sur les montagnes. Ceux qui sont des pays aquatiques ont peu de qualité.

La femelle du Dain est bonne quand elle est de l'année.

CHAPITRE II.

Plusieurs sortes de grosses & moyennes Entrées ou Hors-d'œuvres, de poisson en gras, Matelottes, Étuvées, Terrines, Casseroles, & Gâteau de viande & poisson, le tout en gras.

De la Terrine en général.

LA terrine est ainsi appellée, parce qu'autrefois on servoit la terrine dans laquelle étoit la viande qu'on y avoit fait cuire. On y mettoit différentes viandes bien lardées ; le tout assaisonné comme à la braise. L'on recouvroit la terrine, & on la bouchoit bien de pâte faite à l'eau pour que la fumée n'en fortît point. On la mettoit fur des cendres chaudes le tems qui convenoit pour la cuiffon. On ôtoit la pâte qui étoit autour, & on la fervoit fans autre fauce que le reftaurant de la viande.

Ce qu'on appelle terrine aujourd'hui n'eft autre chofe que plufieurs fortes de viandes, volailles, gibier, ou légumes que l'on fait cuire à la braife. Quand la viande eft cuite, on la fait égoutter, & on la reffuye; après quoi on la remet dans une terrine d'argent, pourcelaine, terre, fayance ou autre, & vous y mettez telle fauce, coulis, purée, ragoût ou légumes, que vous jugez à propos.

Terrine de toutes fortes de viandes de Boucherie.

La terrine fert ordinairement

de grosse entrée, de relevé, ou de plat de milieu. On la compose de queues de bœuf, de mouton, de veau, tendron, tranches, langues, culottes, selle de mouton, cuisseau de veau, gigot de mouton, & de toute autre chose, le tout bien cuit à la braise, & de bon goût. Vous la servez avec le bouillon qu'elle rend, ou avec plusieurs sortes de graines, légumes, racines, purées & sauces de toutes façons.

<small>Grosse Entrée.</small>

La viande ne doit pas être trop cuite. Le restant d'une terrine peut servir jusqu'au dernier morceau à plusieurs choses différentes.

Terrine de Poulets.

Plumez & habillez des poulets, flambez, épluchez & les troussez en dedans. Etant refaits, piquez-les de lardons de lard, & jambon assaisonné. Faites-les cuire à la braise. Laissez-les égoutter & les mettez dans une terrine avec tel ragoût de légumes que vous voudrez, ou autre sauce.

Les terrines de poulardes, pigeons, lapins, volailles & gibier se font de même. Le tout doit être bien braisé & de bon goût, sans être trop cuit. Vous y mettez telle sauce, coulis ou ragoût que vous voulez.

<small>Grosse Entrée.</small> Les terrines d'aîlerons, queues de veau, de mouton, d'agneau, de cochon, langues de mouton & autre, se font de même. Vous les faites cuire selon leur qualité dans une braise, vous les garnissez & y mettez telle sauce que vous voulez.

Terrine Royale.

<small>Grosse Entrée.</small> Ayez un faisant, deux lapreaux, deux perdreaux d'un bon fumet, deux gros pigeons, quatre cailles, un filet de bœuf;

quelques filets de mouton & du petit lard, le tout bien piqué. Arrangez toute votre viande dans une terrine. Coupez les lapreaux par morceaux. Assaisonnez de sel, poivre, épices & un peu de basilic. Couvrez de quelques bardes de lard & de veau, & tranches de jambon si vous en avez. Humectez avec une demi-cueillerée de bon bouillon. Recouvrez votre terrine & la bordez de pâte autour. Faites-la cuire dans un four doux, ou sur des cendres chaudes l'espace de cinq à six heures. Ayez ensuite de grosses crêtes bien blanches & cuites, & de grosses truffes coupées en deux, passées avec un pain de beurre. Mouillez de bouillon, ensuite de blond de veau. Mettez-y vos crêtes, & faites mijoter le tout un quart d'heure. Découvrez votre terrine & l'essuyez tout autour. Dégraissez & jettez dedans votre ragoût. Servez chaud.

Timbale à l'Espagnole.

Entrée. Foncez une casserole ou moule à timbale, d'une pâte à l'Espagnole. Mettez dedans telle viande filets & ragoût que vous jugerez à propos. Le ragoût doit être bien fini & froid. Recouvrez & frottez de sain-doux. Vous lui faites prendre couleur au four & la renversez. Ensuite vous faites un petit trou au milieu & y versez de la sauce pareille à votre ragoût, & servez chaud.

Casserole à la Provençale.

Faites cuire dans une braise bien foncée des morceaux de queues de bœuf, tendrons de mouton, queues de veau, ou de mouton, petit lard, quelques morceaux de pigeon, aîlerons de dindon ou de poularde, & autre chose selon la commodité. Faites cuire aussi un quarteron de ris dans de bon bouillon. Vous ferez une bonne purée de lentilles bien épaisses & de bon goût. Mettez égoutter votre viande pour composer votre casserole. Mettez un lit de purée dans le fond de la terrine, puis un lit de viande, ensuite un lit de ris: faites toujours de même, & finissez par la purée de lentilles: couvrez le tout de mie de pain bien mince que vous tremperez dans la graisse de votre braise: Panez le tout légerement, & faites prendre couleur au four à petit feu, pour que cela ait le tems de pénétrer au fond de la terrine. Servez chaud.

Cette façon de casserole peut conduire à bien d'autres.

Pot Royal.

Faites cuire à moitié dans l'eau un combien de jambon pour le bien dessaler, ensuite dans une braise, un faisant, deux

Grosse Entrée.

perdrix, un petit colet de mouton, un lapreau coupé par membres ; le tout piqué de lard assaisonné, de gros aîlerons de dindon, une demi-douzaine de navets, carottes & panais, du petit lard, des saucisses longues comme le pouce ; le tout bien empoté dans une marmite, chacun selon sa cuisson, & bien nourri de tranches de bœuf, veau & lard ; assaisonnez légérement. Etouffez & couvrez bien. Faites cuire l'espace de huit heures sur des cendres chaudes. Quand le tout est cuit, retirez de la marmite, dégraissez & arrangez dans le pot chacun à sa place. Mettez avec le fond de la cuisson une cueillerée de consommé. Faites bouillir ensemble. Passez le bouillon, dégraissez & le jettez dans votre pot avec du cerfeuil haché dessus, & du poivre concassé.

Terrine mêlée.

Faites cuire dans une bonne braise, pigeons, aîlerons de dindon, queues de mouton ou de veau, du petit lard, tendron de mouton ou de veau, cuisses de poularde, saucisses & autres ingrédiens. Dégraissez, ressuyez, & mettez dans votre terrine. Jettez dedans une purée de pois nouveaux ou ragoût de pois au roux ou au blanc. *(Grosse Entrée.)*

Hoche-pot.

Faites blanchir des tendrons de bœufs, mettez-les dans une marmite avec carottes, panais, navets & quelques saucisses. Etouffez le tout, & faites cuire sur des cendres chaudes. Mouillez un peu avec de bon bouillon. Ensuite laissez égoutter & passez le bouillon. Arrangez sur le plat que vous devez servir, & mettez le bouillon dessus avec du persil haché. *(Grosse Entrée.)*

On fait des hoche-pots de tout ce que l'on veut. Le bouillon doit avoir beaucoup de corps sans être acre ni salé.

Si on le fait avec du gibier, il doit avoir bon fumet.

Hoche-pot de lapins & anguilles.

Grosse Entrée. Coupez par morceaux deux lapreaux d'un bon fumet ; mettez-les dans votre marmite avec des racines, de petits oignons & petites saucisses, grosses & longues comme le petit doigt. Faites cuire à moitié, & y mettez des tronçons d'anguille piquée de petit lard. Achevez de faire cuire en y mettant un verre de bon bouillon & de vin de Champagne. Quand le tout est cuit, faites égoutter, dégraissez, & arrangez sur le plat. Faites glacer vos anguilles avec un peu de la cuisson que vous faites réduire au caramel. Arrangez vos morceaux de lapreaux & d'anguilles. Garnissez les vuides avec les racines, petits oignons & saucisses, & versez votre bouillon dessus.

Matelottes à la Dauphine.

Ayez des filets de lapreaux de bon fumet, des aîles de faisant ou des perdreaux rouges, des poupiettes de veau piquées & glacées. Faites cuire le tout dans des bardes de lard, & mouillez avec de bon bouillon, un verre de vin de Champagne, un demi-verre d'huile. Etant cuit à moitié, mettez y des filets de folle, filets de lotte, de petits oignons blanchis, une demi-douzaine de belles écrevisses, ôtez les petites pattes, achevez de faire cuire le tout à petit feu. Ensuite vous laissez égoutter, & arranger dans le plat chaque chose à sa place. Garnissez de croutons & de quelques laitan- Grosse Entrée.

ces. Jettez dessus une sauce à l'Espagnole.

On peut y joindre toute autres choses si on le veut.

Matelottes à la Françoise.

Ayez de petits rayons que vous écorcherez à crû, des petites folles & des petits turbots bien nettoyés. Faites-les cuire séparément dans un plat avec un peu d'huile, de l'échalotte entiere, deux gousses d'ail, des tranches de citron, un peu de basilic & quelques champignons, un verre de vin de Champagne, & un peu de bon bouillon. Faites bouillir le tout & le jettez dessus votre poisson avec un peu de sel. Quand le tout est cuit à propos, faites égoutter. Dressez votre poisson sur un plat. Faites une sauce avec un peu d'huile, tranches de carottes, d'oignons, champignons, un bouquet, deux gousses d'ail,

Grosse Entrée.

une tranche de jambon; passez le tout sur le feu. Singez & mouillez de vin de Champagne & consommé. Faites cuire la sauce, ensorte qu'elle soit un peu consistante, dégraissez, & jettez sur votre poisson.

Matelotte à la Financiere.

Ayez une anguille moyenne, deux solles, six aîlerons de poulardes, six belles crêtes, quatre laitances de carpes, douze queues d'écrevisses, trois cervelles d'agneau, quelques filets de lapreaux de bon fumet piqué d'anchois, ainsi que l'anguille, & de petits oignons blancs. Faites une petite braise avec des bardes de lard, tranches de veau, tranches d'oignon, zestes de carottes & panais, clous, basilic, sel & poivre, cinq ou six gousses d'ail. Faites suer le tout en y mettant un peu de bouillon. Mouillez votre braise

Grosse Entrée.

d'une demi-boûteille de vin blanc, du bouillon, & d'un demi-verre d'huile. Laiſſez mijoter & cuire. Paſſez-la dans une caſſerole au travers d'une paſſoire ou d'un gros tamis, afin que toute la graiſſe paſſe avec cet aſſaiſonnement. Faites cuire votre anguille coupée en morceaux & vos filets de ſolle, ainſi que les aîlerons de poularde. Faites cuire à part, ſéparément, les crêtes dans du bouillon. Etant cuite aux trois quarts, vous les remettez dans le même aſſaiſonnement. Vous faites cuire de même les laitances de carpes, les cervelles dégorgées & blanchies, les petits oignons, les filets de lapreaux, & les écreviſſes. Faites enſuite égoutter chaque choſe à part. Arrangez le tout ſur le plat que vous devez ſervir. Mettez-y des croutons de pain frits à l'huile. Maſquez le tout avec une sauce à la carpe. Parsemez d'œufs, d'écrevisses si vous en avez ; & servez chaud. On peut mettre dans cette matelotte tout ce que l'on veut.

Matelotte mêlée de queues & autres choses.

Faites blanchir & cuire à moitié dans une petite braise des queues d'agneau. Mettez-les dans une casserole avec de petits oignons blancs & blanchis, quelques aîlerons de poulardes & autres garnitures convenables. Pour achever de les faire cuire, metez-y un peu de leur braise avec du vin blanc. Faites égoutter, arrangez sur le plat, garnissez de croutons, & mettez dessus une sauce à la carpe ou à l'Espagnole.

Les matelottes de queues de veau, mouton & cochon se font de même, ainsi du reste.

Grosse Entrée.

Matelotte au bouillon.

Groſſe Entrée.

Faites cuire de petites ſolles & des éperlans dans un verre de vin de Champagne, du bouillon, de l'huile, du ſel, du poivre & deux gouſſes d'ail. Epluchez des rayons, & les faites cuire dans un petit court-bouillon. Arrangez le tout ſur le plat que vous devez ſervir, & jettez deſſus deux ou trois bons verres de conſommé, dans lequel vous aurez mis perſil haché & blanchi, & du poivre concaſſé.

Bien des ſortes de poiſſons peuvent entrer dans cette matelotte.

Matelotte au Vaſtrefiche.

Groſſe Entrée.

Mettez dans une caſſerole trois perches, deux brochetons écaillés & coupés en tronçons. On peut y joindre des vives & autres poiſſons d'eau douce ou de Mer, pourvu qu'il ſoit ferme. Mettez-y racines de perſil, coupées en petits morceaux, oignons blancs blanchis & presque cuits. Faites bouillir une chopine de vin blanc, & de bouillon, un demi-verre d'huile, de petits bouquets de persil entier & du sel qui domine un peu. Jettez votre assaisonnement tout bouillant sur votre poisson, & le faites cuire à grand feu. Pour le servir, vous égouttez le bouillon. Dressez votre poisson dans le plat avec les petits oignons, racines de persil, les petits bouquets de persil, cinq ou six tranches de citron. Jettez dessus une sauce comme à la matelotte à la françoise.

Hachis ou pâté sans pâte.

Hachez de la rouelle de bœuf, veau ou mouton, cochon, volaille, gibier ou autre viande, avec un gros morceau de graisse de bœuf, cinq ou six gros oignons. Assaisonnez de sel, poi- Entrée.

vre, têtes de clous de girofle pilé & muscade. Mettez le tout dans une terrine bien bouchée sur des cendres chaudes pendant cinq heures. Ensuite découvrez la terrine, & servez sans autre façon.

Etuvée à la chique.

Entrée. Faites blanchir des queues de bœuf & les coupez en morceaux. Faites-les cuire dans une braise légere & douce, avec autant de gros oignons que de morceaux de queues de bœuf. Faites égoutter & dressez sur le plat avec des croutons de pain bien séchés.

Pour la sauce vous mettez dans une casserole un peu de beurre ou lard fondu, avec un peu de farine. Faites un petit roux léger & le mouillez de vin blanc ou rouge, & un peu de la cuisson que vous passerez au tamis. Faites mijoter votre sauce. Mettez-y une pincée de capres, quelques petits champignons tournés & blanchis. Goutez & servez sur votre étuvée. On peut y mettre quelques écrévisses ou laitances ou autres ingrédiens.

Etuvée à la grand'mere.

Faites blanchir de beaux foyes Entrée. gras, & les faites cuire dans des bardes de lard avec six gros oignons blanchis & farcis en dedans d'une farce fine de volaille, assaisonnés dessus & dessous de sel, poivre, basilic en poudre. Mouillez d'un demi-verre de vin blanc. Faites cuire à part dans du bouillon, six belles crêtes. Le tout étant cuit de bon goût, vous le dressez sur le plat que vous devez servir avec des croutons dessus. Garnissez de boulettes de farce fine & liée, que vous aurez fait frire bien blondes. Jettez dessus la même sauce que l'étuvée à la chique, ou une sauce à l'Espagnole, ou autre.

Casserole accompagnée.

Le nom de casserole vient de ce que l'on sert sur la table le même vaisseau dans lequel a cuit la viande.

Entrée. Dépouillez une moyenne anguille, ôtez la tête, vuidez-la & la coupez par tronçons. Ayez autant de tendrons de poitrine de veau bien blanchie, quatre cuisses de poulets gras, des morceaux de petit lard, le tout proprement accommodé, & cuit dans une braise de bon goût. Laissez égoutter & dressez sur le plat que vous devez servir, le tout bien arrangé. Faites fondre dans une casserole deux ou trois pains de beurre. Mettez un peu de persil, ciboule, échalottes hachées, sel, poivre, deux grandes cueillerées de blond de veau. Remuez

Remuez bien le tout. Masquez-en votre viande. Panez d'une légere mie de pain. Faites prendre couleur au four, dégraissez & servez chaud avec une sauce à l'Espagnole.

Casserole ou pilo turque.

Prenez un colet de mouton bien blanchi, un gros pigeon, la moitié d'une poularde, quelques morceaux de petit lard. Piquez le tout de moyen lard assaisonné. Empotez le tout dans une marmite avec de bon bouillon. Mettez-y un quarteron de ris blanchi. Couvrez votre marmite, & la mettez sur des cendres chaudes pendant cinq heures, après quoi vous renversez le tout sur le plat, & le servez. *Entrée*

Casserole au ris à la Françoise

Faites cuire dans une petite braise, tendrons de mouton ou côtelettes, pigeons, membres de poulets ou poulardes, queues *Entrée* de veau ou d'agneau, petits lard, aîlerons de dindon ou autres. Quand cela est cuit, faite ségouter & dressez sur le plat. Masquez de blond de veau bien lié. Faites cuire du ris dans une petite marmite avec du bon bouillon qui ait du corps. Il faut que le ris soit extrêmement cuit & bien épais. Vous en mettez sur votre viande de l'épaisseur d'un pouce en dôme. Faites prendre belle couleur au four, & que le dessus soit croquant. Servez chaud, & bien blond.

Gâteau de veau glacé.

Grosse Entrée. Prenez deux belles noix de veau bien parées, coupez de l'épaisseur de la moitié du petit doigt. Faites-en cinq ou six fricandeaux bien piqués de moyen lard. Coupez-les en pointe. Prenez un dindon dont vous levez la peau, après l'avoir flambé & épluché, vous le couperez en quatre morceaux. Le dindon vous servira à mettre en filet avec des filets de lapreaux ou autre viande, quelques truffes, foyes gras, ris de veau & autres, le tout en filets. Affaisonnez de fel, poivre, perfil, ciboule hachée, bafilic en poudre, un peu de mufcade, du lard rapé; le tout bien manié enfemble avec quatre jaunes d'œufs.

Pour former votre gâteau, vous prenez une cafferolle ronde de la grandeur du plat, fur lequel vous voulez fervir. Vous la garniffez de bardes de lard, vous mettez enfuite vos fricandeaux le lard en deffous, & la peau du dindon à côté. Soudez bien avec des œufs battus. Garniffez les entre deux, d'une farce fine, bien liée & bien confiftante. Mettez-en affez pour que cela fe foutienne. Enfuite vous rempliffez de votre appareil de filets. Recouvrez de farce &

ramenez par-dessus les fricandeaux, & la peau de dindon. Enfermez bien le tout, & que l'un & l'autre soit joint ensemble. Couvrez de crépines & d'une feuille de papier. Faites cuire au four doux, pendant deux heures dans son jus.

Pour le servir, il faut avoir une abbaisse de pâte brisée que vous renversez dessus. Si le piqué n'avoit pas assez de couleur, vous y mettez un peu de glace que vous aurez faite. Il ne faut rien mettre sur le blanc. Servez avec telle sauce que vous jugez à propos.

Gâteau à la Sainte-Menehoult.

Grosse Entrée. Foncez une casserole de bardes de lard bien épaisses, garnissez de farce de l'épaisseur d'un pouce. Mettez dans le milieu un ragoût de plusieurs sortes de filets. Etant froid vous recouvrez de farce & de bardes de lard,

Faites cuire au four doux. Renverſez-le ſur le plat que vous devez ſervir. A demi-froid vous le couvrez d'une ſainte-Menehoult, panez & faites prendre couleur au four. Dégraiſſez, & ſervez avec une ſauce à l'Eſpagnole.

On peut faire des gâteaux de ce que l'on veut, gras ou maigre.

CHAPITRE III.
De la Volaille en Général.
De la Poule & du Cocq.

LA poule ſe met dans le bouillon & ſe ſert ſur des potages. On peut en prendre les blancs pour des coulis à la Reine, ou autres uſages, ſelon ſa qualité.

Les petits œufs de poule ſervent à garnir, & autres.

Le coq eſt propre à mettre dans les conſommés.

Poularde en Mousseline.

Entrée   Ayez une poularde bien fine. Epluchez-la, flambez & la troussez comme pour mettre au pot. Mettez dedans une légere farce de foyes gras, & moëlle de bœuf. Assaisonnez de persil, ciboule, échalottes, deux jaunes d'œufs. Fermez votre poularde du côté de la poche avec une brochette, & mettez la peau par dessus le croupion. Enveloppez votre poularde dans un morceau de mousseline, & la mettez dans une terrine avec un demi-verre de bouillon. Bouchez bien & laissez mijoter sur des cendres chaudes pendant huit heures. Ensuite vous la retirez & ôtez la mousseline. Servez avec la sauce qu'elle aura rendue.

Aîlerons de Poulardes au verd-pré.

Faites cuire vos aîlerons dans des bardes de lard après les avoir échaudés & blanchis.

Pour la sauce vous faites suer un petit morceau de veau & zestes de jambon, carottes, panais, quelques tranches d'oignon dessus & dessous. Mouillez avec de bon bouillon, un peu d'huile & un verre de vin blanc, trois gousses d'ail, un clou, deux champignons & un bouquet. Faites mijoter le tout jusqu'à parfaite cuisson. Passez la sauce & la dégraissez. Mettez-y deux pains de beure manié dans la farine. Tournez sur le feu. En finissant une bonne pincée de persil blanchi & haché très-menu, de façon que cela forme le vert. En servant, mettez le jus d'un citron, la sauce dessous, & les aîlerons dessus. *Hors d'œuvre*

Aîlerons de Poularde à la poêle.

Foncez une casserole de quelques bardes de lard. Mettez-y des aîlerons bien blancs & bien arrangés, & dessus quelques morceaux de veau blanchis, un peu *Hors d'œuvre.*

de champignons hachés, perfil, ciboule, échalottes, du fel, du poivre, deux gouffes d'ail entieres, & un pain de beurre. Recouvrez & bouchez votre cafferole. Mettez-la fur des cendres chaudes à très-petit feu. Quand le tout est cuit, laiffez égoutter les aîlerons, ôtez les bardes de veau. Dégraiffez bien la fauce en y mettant un peu de quinte-effence, confommé & blond de veau. Dreffez vos aîlerons, & fervez la fauce deffus avec le jus d'un citron. Vous pouvez y mettre du fenouil, & faire la poële plus fimple.

Aîlerons de Poulardes piqués, glacés.

Hors d'œuvre Piquez-les de lard bien fin, & les faites cuire dans du bouillon avec quelques bardes de veau, un bouquet d'oignons, tranches de jambon. Quand ils font cuits, dégraiffez la fauce & formez un camarel. Remettez vos aîlerons dedans, le lard en dessous. Mettez sur des cendres chaudes pour qu'ils se glacent, & servez dessous telle sauce ou légume que vous jugerez à propos.

Aîlerons de Poularde au naturel. Hors d'œuvre.

Faites cuire des aîlerons dans une petite marmite avec des morceaux de petit lard, des oignons blancs & du bouillon. Etant cuit, dressez dans le plat & jettez dessus un peu de quinte-essence, du persil haché, & du gros poivre.

Aîlerons de Poularde en chipoulate.

Ayez des aîlerons, du petit lard & petites saucisses, grosses & longues comme le petit doigt. Faites-les blanchir, & que le lard soit un peu cuit. Foncez une casserole de bardes de lard & de veau. Arrangez votre petit lard, les aîlerons, les saucisses & les oignons. Recouvrez & assaisonnez légérement, avec basilic &

Hors-d'œuvre.

clous. Faites suer le tout fort doucement, & mouillez avec de bon bouillon. Quand le tout est cuit, passez le bouillon & le dégraissez. Mettez dedans deux tranches de citron, la moitié d'un pain de beurre. Tournez sur le feu pour donner un peu de consistance. Arrangez vos aîlerons, les saucissons, les oignons & petit lard. Jettez votre bouillon dessus avec un jus de citron.

Aîlerons de Poularde à la Hollandoise liés.

Hors d'œuvre. Passez vos aîlerons avec deux pains de beurre, un bouquet de persil & ciboule, deux clous de girofle, deux gousses d'ail, une petite tranche de jambon, si vous voulez. Passez, singez & mouillez avec du bouillon & vin de Champagne, un peu de sel & poivre. Laissez cuire, & faites une liaison de deux jaunes d'œufs avec le jus d'un citron, une larme de bouillon, un pain de beurre, une pincée de persil blanchi & haché très-fin. Liez vos aîlerons, & servez chaud.

Aîlerons de Poularde aux fines herbes.

Faites cuire aux trois quarts des aîlerons de poulardes dans une petite braise ou quelques bardes de lard. Faites-les égouter. Hachez des champignons, persil, ciboule, échalottes, mettez le tout dans un plat avec deux pain de beurre ou lard fondu, ou de l'huile, sel, poivre basilic en poudre. Mettez-y vos aîlerons, couvrez-les, & les mettez sur des cendres chaudes pendant une demi-heure. Otez les aîlerons, soufflez la graisse, mettez du blond de veau autant qu'il en faut pour une sauce. Faites bouillir avec vos fines herbes, dégraissez & servez sur vos aîlerons.

Hors-d'œuvre.

Aîlerons de Poularde en boudin blanc.

Faites une farce avec des blancs

Hors-d'œuvre.

de poularde, poulet ou autre viande blanche, avec tetine de veau, lard blanchi, assaisonné à l'ordinaire, quelques oignons cuits à la braise, un peu de coriandre pilée, liée de trois jaunes d'œufs, un peu de pain trempé dans la crême, & pilé. Ayez de la crépine de cochon ou d'agneau. Enveloppez chaque aîleron cuit dedans avec de la farce dessus & dessous. Panez & faites prendre couleur au four. Servez dessous un peu de blond de veau.

Aîlerons de poularde en rissoles.

Hors-d'œuvre. Faites-les cuire à la braise, & les enveloppez d'une farce bien fine & consistante. Trempez-les dans une omelette, & la panez avec de la mie de pain très-fine. Faites-les frire dans du sain-doux, & servez avec du persil.

Aîlerons de Poularde en marinade.

Faites-les mariner avec un peu

de bouillon, sel, poivre, clous, basilic, oignon, persil, ciboule, un petit morceau de beurre manié. Faites chauffer le tout avec un peu de vinaigre, verjus, ou citron. Laissez mariner pendant six heures. Faites égoutter, & ressuyez sur un linge propre. Fouettez la moitié d'un blanc d'œuf. Jettez dedans vos aîlerons que vous farinez l'un après l'autre, & faites frire de belle couleur. Ils doivent être secs dessus & moëlleux dedans. Servez avec du persil frit bien verd.

Aîlerons de Poularde à la poulette.

Passez des aîlerons avec un pain de beurre; faites-les cuire dans des bardes de lard bien blancs.

Ensuite vous passez un quarteron de veau blanchi avec deux champignons & un bouquet. Singez & mouillez avec d'excellent bouillon. Laissez mijoter jusqu'à ce que le veau soit cuit; passez le tout au tamis. Mettez un peu de sel. Mettez-y vos aîlerons mitonnés pour leur faire prendre goût. Faites une liaison de deux jaunes d'œufs avec un peu de crême, un peu de persil haché, & un pain de beurre. Liez votre sauce. Servez les aîlerons bien arrangés dans le plat & la sauce par dessus. Jus de citron ou verjus.

Aîlerons de poularde à la daube.

F. Hors-d'œuvre. Faites les cuire dans une braise. Passez des champignons, persil, échalottes avec un pain de beurre ou lard fondu. Singez un peu & mouillez avec de bon bouillon. La sauce étant presque faite, mettez-y vos aîlerons, faites mijoter. En finissant, faites une liaison de deux jaunes d'œufs, un peu de verjus, le quart d'un anchois fondu dedans. Liez vos aîlerons, & servez chaud.

Aîlerons de poularde au verjus. Hors-d'œuvre.

Faites cuire à la braise, mettez dans une casserole deux pains de beurre, un peu de farine, un jaune d'œuf, du persil blanchi concassé, du sel, de la muscade, quelques grains de verjus blanchi, dont vous ôtez les pepins. Délayez avec du bouillon, un peu de verjus liquide. Tournez la sauce sur le feu, goutez, & servez sur vos aîlerons.

Aîlerons de poularde à la Sainte-Menehoult. Hors-d'œuvre.

Faites les cuire à la braise & les trempez dans une Sainte-Menehoult. Panez & faites prendre couleur au four & servez dessus un peu de blond de veau.

Aîlerons de poularde au parmesan. Hors-d'œuvre

Faites les cuire à la braise avec de petits oignons. Mettez dans le fond du plat un peu de blond de veau, du parmesan rapé. Arrangez ensuite vos aîlerons & petits oignons que vous mettez autour & dans les vuides. Arrosez le tout de trois pains de beurre fondu, dans lequel vous mettez un peu de sel, poivre, basilic en poudre, un jaune d'œuf, un peu de blond de veau. Graissez bien vos aîlerons, & les panez avec du parmesan, & un peu de mie de pain. Faites prendre couleur sous une tourtiere, dégraissez, & servez avec un peu de sauce autour.

Aîlerons de poularde aux navets.

Plusieurs Hors-d'œuvre. Faites cuire à la braise, & jettez dessus un ragoût de navets : les aîlerons aux pois se font de même, &c.

Aîlerons de poularde en hatereau.

Hors-d'œuvre. Parez le bout des aîlerons, faites les blanchir & mariner dans du persil, ciboule, échalottes, champignons, un pain de beurre, de l'huile, du sel, poivre, basilic, muscade. Faites autant d'hatereaux de veau bien minces. Marinez le tout enfemble. Mettez-y un ou deux jaunes d'œufs. Embrochez avec de petites brochettes plates, une petite barde de lard, enfuite l'hatereau de veau, & l'aîleron avec les fines herbes. Ramenez le tout à la brochette comme quand vous bardez un pigeon en caille. Faites de même à tous. Beurrez un papier qui foit fort ; couchez-les deffus, relevez le papier des deux côtés, enforte que cela ait la forme d'une caiffe, dont le deffus feulement foit à l'air. Attachez-les fur la broche. Faites-les cuire à très-petit feu. En finiffant panez-les un peu avec de la mie de pain & du perfil. Servez deffous telle fauce que vous voudrez.

Aîlerons de poularde à la crême. Hors-d'œuvre.

Faites cuire à moitié vos aîlerons dans une braife. Paffez

des champignons entiers, une petite tranche de jambon, un bouquet avec un pain de beurre. Singez & mouillez avec de bon bouillon. Jettez dedans vos aîlerons. Laiſſez-les cuire. Quand ils ſeront diminués, jettez-y un demi-ſeptier de crême.

On peut les mettre aux truffes.

Les aîlerons de poularde cuits dans des bardes de lard, ou petite braiſe, ſe mettent à telle ſauce que l'on veut.

Hors-d'œuvre. *Aîlerons de poularde au petit lard*

Prenez des aîlerons de poularde bien appropriées. Ayez deux fois autant de morceaux de petit lard de la même grandeur, & largeur, & épais de deux écus. Vos aîlerons étant bien blanchis, vous les bardez d'un morceau de petit lard bien ficelés. Faites cuire le tout dans une petite braiſe bien douce. Enſuite vous les égouttez & laissez réfroidir. Vous prenez du dessus de la braise, dans lequel vous mettez persil, ciboule, sel poivre, basilic, échalottes hachées & un jaune d'œuf. Vous trempez vos aîlerons dedans, vous les panez faites griller, déficelez, & mettez dessous telle sauce que vous voudrez.

de la Cuisse de poularde

Cuisse de poularde à la daube   Hors d'œuvre.

Levez les cuisses, parez, épluchez & faites blanchir. Piquez les de lard & jambon. Mettez-les dans une marmite, avec des bardes de lard & veau. Assaisonnez à l'ordinaire, mouillez avec d'excellent bouillon & vin de Champagne. Etant cuites, laissez-les refroidir. Passez la gelée au clair, mettez par-dessus les cuisses & servez.   Hors d'œuvre.

Cuisse de poularde à la poêle.

Elles s'accomodent de même que les aîlerons.

Cuisses de poularde au suprême.
 Hors d'œuvre. Faites suer une livre de rouelle de veau & un peu de jambon, avec quelques tranches d'oignon dessous, zestes de carottes & panais. Mouillez avec d'excellent consommé où vous aurez mis deux perdrix ou un vieux faisan. Mettez-y ensuite deux champignons, une gousse d'ail, un verre de vin de Champagne. Etant presque cuites, jettez-y du persil, de la ciboule hachée. Lorsqu'elles sont réduites au point d'une sauce, mettez-y infuser trois feuilles d'estragon, & une feuille de baume, jusqu'à ce que la sauce soit froide. Ensuite pressez-y le jus d'un citron. Mettez-la sur vos cuisses, que vous aurez fait cuire dans des bardes de lard, & servez.

Cuisses de poularde au monarque.
 Hors d'œuvre. Faites cuire vos cuisses à demi dans des bardes de lard, mettez

les dans une casserole avec un verre d'huile, deux pains de beurre, un peu de veau blanchi, une demi-tranche de jambon & une gousse d'ail. Laissez mijoter le tout sur des cendres chaudes. Mouillez avec de la quinte-essence ou consommé, & un demi-verre de vin. Achevez de faire cuire & faites bouillir fort doucement. Passez le tout bien au clair. Faites infuser deux tranches de citron. Que la sauce soit légere. Mettez ensuite avec vos cuisses.

Si vous voulez faire cuire les cuisses à part, vous prenez un poulet pour faire la sauce.

Cuisses de poularde en bottines.

Prenez quatre belles cuisses de poularde. Otez les os, & n'en laissez qu'un petit bout du côté de la patte. Hors-d'œuvre.

Ayez un salpicon composé de toute sorte de choses, coupées en dez.

Vous coupez en dez des trufes, des foyes gras, ris d'agneau & autres choses que vous mettez dans une casserole avec du lard rapé, persil, ciboule, échalottes, poivre, sel, basilic, deux ou trois jaunes d'œufs, le tout bien manié ensemble. Emplissez vos cuisses & en formez vos bottines. Cousez-les bien, & les faites cuire dans des bardes de lard. Servez ensuite avec un ragoût de truffes ou autre sauce.

Cuisses de poularde grillées, à la Tartare & Ravigotte.

Hors-d'œuvre. Parez & accommodez vos cuisses, marinez-les dans des fines herbes, du beurre, & l'assaisonnement ordinaire. Faites-leur prendre couleur sur des cendres chaudes. Panez & faites griller à petit feu. Arrosez de leur assaisonnement. Servez dessous une ravigotte faite avec toutes les herbes de la ravigotte hachées & pilées. Joignez-y des capres, anchois, ail, échalottes, perfil, ciboule, un pied de cellery, le tout haché & pilé. Délayez le tout avec de l'huile, de la moutarde, du vinaigre & du blond de veau, le tout bien ménagé, enforte que rien n'y domine.

Cuiſſes de poularde à la rocambole.

Faites cuire vos cuiſſes comme ci-devant. Faites blanchir deux ou trois douzaine de rocamboles, que vous mettez dans deux verres de quinte eſſence, avec un pain de beurre manié, deux tranches de citron. Remuez le tout enſemble, & mettez du gros poivre en finiſſant. Hors d'œuvre.

Vous pouvez les mettre dans du blond de veau bien fini, & ſervir de même.

Cuiſſe de poularde au carmagnole. Hors d'œuvre.

Levez & faites blanchir vos cuiſſes. Piquez-les d'anchois.

nouveaux bien deſſalés, & de jambon. Faites-les mariner dans de l'huile avec cinq ou six tranches de citron, & du sel. Ayez de la pâte brisée. Faites autant d'abaiſſes que de cuiſſes. Ayez trois pains de beurre manié avec perſil, ciboule, capres échalottes, sel, poivre clou battu, le tout manié enſemble. Mettez-en un peu à chaque cuiſſe. Enveloppez le tout & faites cuire dans un four doux. Quand elles ſont cuites, ôtez-les de la pâte, & les ſervez avec une ſauce au verd-pré

Cuiſſes de poularde à la bonne femme.

Hors d'œuvre. Piquez vos cuiſſes de moyen lard. Aſſaiſonnez de sel, poivre, baſilic, muſcade. Arrangez-les dans une caſſerole foncée de bardes de lard & veau. Aſſaiſonnez à l'ordinaire. Couvrez & faites cuire le tout ſur des cendres chaudes ſans les mouiller, elles ren-

rendront assez de sauce pour les manger, pourvu qu'on les fasse cuire avec attention. Etant cuites, faites-les égoutter. Dégraissez, & passez le jus au tamis de soye. Jettez dessus vos cuisses.

Cuisses de poularde en hoche-pot.

Faites-cuire vos cuisses dans une braise avec des petites carottes & panais, quelques navets & oignons. Faites suer un morceau de veau & de jambon, tranches d'oignon. Quand cela commence à s'attacher, mouillez avec du bouillon, & jettez le tout dans votre braise. Laissez cuire à petit feu. Quand le tout est cuit, dressez vos cuisses & racines. Vous pouvez y mettre quelques saucisses & passer le bouillon. Jettez les dessus vos cuisses avec un peu de cerfeuil haché bien menu.

Hors-d'œuvre.

Hoche-pot de cuisses de poularde au bouillon de lapreaux.

Faites cuire vos cuisses comme

ci-devant, & faites du bouillon de la façon qui suit.

Hors-d'œuvre. Prenez une livre de rouelle de veau, zestes de jambon, avec un lapreau d'excellent fumet, panais oignons, un bouquet de clou & basilic. Quand le tout est un peu attaché, mouillez de bon bouillon, & laissez mitonner jusqu'à parfaite cuisson. Dressez votre hoche-pot & jettez votre bouillon dessus.

On peut le faire au bouillon de faisan ou de perdrix.

Cuisses de poularde en étuvée.

Hors-d'œuvre. Faites-les cuire aux trois quarts dans des bardes de lard. Laissez-les égoutter, & les mettez dans une casserole. Faites un petit roux léger avec un peu d'excellent beurre, & un peu de farine. Jettez dedans une douzaine de petits oignons blancs, bien blanchis, & les passez un peu. Mouillez avec du vin de Champagne ou vin rouge, un peu de sauce à la carpe ou à l'Espagnole, du blond ou jus de veau, un bouquet, deux feuilles de laurier, quelques champignons, laitances de carpes, si vous en avez. Vous pouvez prendre une petite carpe laitée dont la laite vous servira à garnir, & la carpe à donner le goût d'étuvée. Faites cuire le tout comme à l'ordinaire. En finissant un peu de capres hachées bien menues, un filet d'anchois, quelques croutons, & un filet de vinaigre.

Cuisses de poularde Bachiques.

Désossez des cuisses de poulardes & les faites mariner avec de l'huile, champignons, persil, ciboule hachée, & deux douzaines de rocamboles entieres, sel, poivre & basilic. Enveloppez toutes ces fines herbes dans vos cuisses, étouffez-les sur des cendres chaudes. Etant cuites vous les faites égoutter, & mettez dans le

Hors-d'œuvre.

fond de la sauce un demi-septier de vin de Bourgogne, un pain de beurre manié. Faites bouillir un peu, & jettez sur vos cuisses.

Matelotte de cuisses de poularde, & autres.

Hors-d'œuvre. Ayez des cuisses de poularde, une petite anguille, des queues d'écrévisses, de petits oignons blancs, laitances de carpes, que vous faites cuire dans quelques bardes de lard, du vin blanc, un peu de bouillon, de l'huile & un bouquet. Laissez égoutter ensuite, & arrangez dessus le plat que vous devez servir. Garnissez de quelques petits croutons. Jettez dessus une sauce bien faite, & qui ait un peu de consistance.

On peut mettre à ces sortes de matelottes telle viande ou poisson que l'on veut.

Poularde à l'Angloise.

Entrée. Epluchez, flambez, & la troussez; faites une petite farce de son foye, persil, ciboule, lard rapé ou beurre de Vanvres. Liez de deux jaunes d'œufs. Faites cuire votre poularde à la broche, enveloppez-la de bardes de lard & papier. Etant presque cuite, vous la développez; alors vous pouvez l'arroser avec du beurre fondu, de la mie de pain & des jaunes d'œufs. Et la panez avec une mie de pain bien fine. Achevez de la faire cuire & lui faites prendre belle couleur. Tirez-la de la broche, & servez dessous une sauce blanche, faites avec trois pains de beurre, un peu de farine, du sel, du poivre, de la muscade, un peu de bouillon, & une larme de vinaigre. Tournez sur le feu, & mettez la pourlarde dessus.

Poularde accompagnée.

Ayez une belle & grosse pou- Entrée. larde, flambez-la & l'épluchez. Désossez l'estomac entiérement. Mettez-lui dans le corps un salpicon de truffes en dez, foies gras, ris de veau, cornichons, ou autre chose. Mettez le tout ensemble avec du lard rapé, sel, poivre, fines herbes, persil, ciboule, quelques jaunes d'œufs, le tout bien mariné, bouchez-la des deux côtés, faites-la piquer de menu lard & la faites cuire dans une petite braise dont le fond servira à faire le caramel pour le glacer. Dressez-la sur le plat, & l'accompagnez de ris de veau bien blancs, de truffes entiéres, de belles crêtes & de belles écrévisses, le tout cuit à propos. Jettez dessus une sauce à l'Espagnole.

Si elle n'est pas piquée, vous pouvez la faire cuire dans des bardes de lard pour la tenir blanche.

Poularde à la Montmorancy.

Entrée. Accommodez, piquez, & la fendez par derriere. Mettez-lui dans le corps un ragoût de ris, du veau, crêtes & autres. Passez quelques champignons avec un peu de lard fondu. Singez & mouillez avec du jus de veau. Mettez-y vos crêtes que vous aurez fait cuire auparavant dans du bouillon, les ris, les truffes, &c. mettez un peu de blond de veau, que la sauce soit bien liée. Quand elle est froide, mettez-la dans votre poularde, & la faites cuire comme la poularde accompagnée. Servez dessous telle sauce que vous voudrez.

Poularde en brodequins.

Epluchez-la & la troussez, bat- Entrée. tez-la & la rendez plate comme les jambes d'un homme à qui on a donné les brodequins. Mettez-lui dans le corps une farce de foies gras & moëlle de bœuf, & quelques truffes hachées. Embrochez-la & garnissez tout autour de belles tranches de jambon nouveau de la longueur de la poularde, & des croutons de pain mollet de la même longueur. Mettez les croutons sur la poularde, & le jambon dessus les croutes. Enveloppez le tout d'une mousseline propre, & faites cuire long-tems à petit feu sans l'arroser. Garnissez-la des tranches de pain & jambon, & la servez avec le jus qu'elle aura rendu.

Poularde à la Tartare.

Entrée ou Hors-d'œuvre. Prenez une poularde bien fine, habillez-la & la troussez. Coupez-la en deux & la battez. Faites-la mariner dans du lard fondu ou du beurre, persil, ciboule & les autres ingrédiens. Faites-la mijoter sur des cendres chaudes bien couverte. Panez-la de mie de pain. Faites griller à petit feu, & l'arrosez, à mesure qu'elle cuit, du reste de son assaisonnement. Servez dessous une remoulade.

Poularde aux truffes.

Entrée. Accommodez-la proprement, & lui mettez dans le corps deux pains de beurre, lard rapé, & quelques truffes hachées. Quand elle est cuite, mettez dessus un ragoût de truffes qui soient bien épluchées & coupées en rouelles, & que vous mettez bouillir dans une casserole avec un peu de bouillon & du blond de veau; & servez chaud.

Poularde au court-bouillon.

Epluchez les pattes & les aîles. Troussez-la comme pour la mettre au pot. Passez les pattes dans le corps de manière qu'il n'y ait que les griffes qui paroissent. Piquez-la de lard, persil & jambon. Faites-la cuire avec du bouillon, vin blanc, oignons, carottes, panais, sel, poivre, clou, basilic, laurier, tranches de citron, & un morceau de bon beurre. Faites cuire le tout à petit feu, & servez avec le bouillon, ou autre sauce. Entrée.

Poularde aux huitres.

Accommodez-la comme pour la broche, ou pour la faire cuire Entrée.

dans des bardes de lard. Faites votre ragoût d'huitres de la façon qui suit.

Faites ouvrir & blanchir vos huitres un peu sur le feu. Faites-les égoutter, ôtez le dur & les barbes si vous voulez, & passez leur eau au clair. Ressuyez-bien vos huitres & les mettez dans du blond de veau, avec un pain de beurre manié. Faites-les seulement chauffer, & les servez.

Vous pouvez faire encore un ragoût d'une autre façon. Vous faites blanchir vos huitres comme ci-devant. Passez deux champignons, des échalottes, une truffe hachée avec un peu de beurre. Mouillez avec du vin blanc, & blond de veau, & un peu de l'eau des huitres, & un peu d'huile. Laissez mijoter la sauce, dégraissez & y jettez vos huitres sans les faire bouillir. En servant jus de citron.

Ou bien vous mettez dans une

casserole un pain de beurre, une pincée de persil haché, du poivre concassé, un peu de quinte-essence, consommé ou bon bouillon, un demi-verre de l'eau des huitres. Faites mijoter un instant, & mettez dedans vos huitres avec un peu de chapelure de pain. Servez sur votre poularde jus de citron.

Poularde à l'aurore accompagnée.

Prenez une belle poule de Caux, Entrée. épluchez-la & lui laissez les pattes & les aîles. Otez le brichet & l'emplissez d'un salpicon de truffes, queues d'écrévisses, ris de veau, foies gras, le tout passé en ragoût bien épais. Faites cuire dans des bardes de lard. Faites un gratin au fond du plat. Mettez votre poularde dessus; vous aurez ensuite de petits fricandeaux de veau coupés en pointe & glacés. Mettez-en sur la poche la pointe en haut, & un sur la braye. Garnissez votre poularde de truffes entiéres, ris de veau bien blancs, grosses crêtes & belles écrévisses, & mettez pour la sauce un beau blond ou coulis de veau.

Poularde à la Villeroy.

Entrée. Faites cuire une poularde à la broche. Cizelez-la ensuite comme un canard. Versez dessus une remoulade chaude & piquante.

Poularde aux écrévisses.

Entrée. Faites-la cuire à la broche bien proprement, puis jettez dessus un coulis d'écrévisses avec les queues bien épluchées.

Poularde au sang.

Entrée. Epluchez & flambez. Otez l'os du brichet & de l'estomac, vuidez-la par la poche. Passez dans une casserole de l'oignon haché bien menu. Quand il est presque cuit, mettez-y persil, ciboule, échalottes, un demi-septier de sang de cochon, de la panne en petits dez, sel, poivre, basilic, un peu de coriandre pilée, & six jaunes d'œufs. Faites prendre consistance à votre appareil. Mettez-le dans votre poularde, cousez-la bien. Etant refaite, faites-la cuire à la broche, enveloppez de crépines, & servez dessus un blond de veau.

Marinade de poularde.

Elle se fait de même que celle de poulets. Entrée.

Poularde en galantine.

Epluchez & la désossez entièrement. Otez une partie de la chair dont vous faites une farce fine à l'ordinaire, qui soit bien liée. Etendez la peau de la poularde sur une serviette proprement. Mettez de la farce dessus, ensuite arrangez des filets de lard, des pistaches, des filets de truffes & de jambon, le tout bien arrangé & bien serré l'un contre l'autre. Remettez le reste de la farce par-dessus, un petit grain de sel & autre assaisonnement léger. Roulez votre galantine bien serrée, & enveloppée de bardes de lard. Mettez dans un linge blanc. Roulez & ficelez les deux bouts. Faites cuire à la braise, & servez dessous telle sauce que vous voudrez. On peut la servir froide.

Poularde en canelons.

Entrée. Désossez une poularde. Coupez la peau en deux. Mettez dedans une farce fine. Roulez-la & l'enveloppée de bardes de lard. Faites cuire dans des crépines sur des cendres chaudes. Et servez avec telle sauce que vous jugerez à propos.

Poularde au beurre d'écrévisse.

Entrée. Levez la peau de dessus l'estomac sans l'écorcher. Faites-y entrer du beurre d'écrévisses, que vous faites de la façon qui suit.

Vous pilez des écrévisses de Seine, si cela se peut, & les faites bouillir sur le feu avec un bon morceau de beurre, afin qu'elles prennent goût. Passez-les dans une étamine à force de bras, & vous en servez au besoin. Vous mettez dans le corps de votre poularde un salpicon de queues d'écrévisses avec quelques ris de veau, assaisonnés & mêlés avec du beurré d'écrévisses. Fermez bien votre poularde. Etant refaite, vous la faites cuire à la broche, & servez dessous deux verres de quinte-essence, dans lesquels vous délayez un peu de beurre d'écrévisses. On peut donner plus de consistance à la sauce.

Poularde à la Berry.

Désossez une poularde fine par le dos, faites-y entrer deux ou trois grosses truffes, des foies gras, de grosses crêtes cuites, champignons cuits; le tout assaisonné avec du lard rapé, sel, poivre, basilic, muscade, deux jaunes d'œufs. Bouchez-bien & ficelez la poularde. Faites-la cuire dans des bardes de lard, sans la mouil-

Entrée.

ler. Servez-la avec le jus d'une bigarade, quelques échalottes, sel & poivre concassé.

Poularde aux fines herbes à la cendre.

Entrée. Ayez une poularde troussée comme pour le pot, coupez-la en deux, & la mettez avec du lard fondu ou du beurre, persil, ciboule, champignons, échalottes, & truffes, si vous en avez, le tout haché bien menu, sel, poivre, & basilic. Enveloppez le tout dans chaque morceau de papier avec tout l'assaisonnement. Remettez encore un papier double par dessus, de façon que rien ne puisse y entrer. Faites-la cuire dans la cendre chaude l'espace de trois heures à très-petit feu. Ensuite développez & dressez sur le plat que vous voulez servir. Ramassez bien toutes les herbes & l'assaisonnement qui reste au papier. Faites faire un bouillon avec du blond de veau, dégraissez,

& jettez sur votre poularde avec le jus de citron.

Poularde à la poêle.

Voyez les cuisses de poularde. Entrée.

Poularde en grenadin. Entrée.

Désossez une poularde par le dos. Mettez-lui dans le corps, farce, salpicon, ragoût, ou plusieurs sortes de viandes en filets pour emplir votre grenadin, cousez-le & en formez une espece de boule. Faites-la piquer par-tout. Faites-la cuire & glacez comme un fricandeau, & servez avec telle sauce que vous voudrez.

Poularde au Wastrefiche.

Epluchez & faites blanchir votre poularde. Coupez-la en quatre. Foncez une casserole de bardes de lard. Arrangez-y vos quartiers de poularde, & par dessus une poignée de racines de persil bien blanchi, & quelque petit paquet de feuilles. Recouvrez le tout avec des bardes de veau, & assaison- Entrée.

nez de sel, poivre, un oignon piqué de clous de girofle. Faites suer le tout, & mouillez avec de bon bouillon. Faites mijoter sur des cendres chaudes. Quand le tout est cuit, tirez votre poularde, dressez-la sur le plat avec les racines & les feuilles, & le bouillon bien dégraissé par-dessus.

Poularde au blanc manger.

Entrée. Désossez une poularde bien fine sans déchirer la peau. Faites bouillir un demi-septier de lait, & un de crême. Mettez une liaison de huit jaunes d'œufs frais, une petite poignée de mie de pain très-fine, des blancs de poularde hachés, de la panne coupée en dez. Assaisonnez de sel, poivre, muscade, un peu de coriandre pilée. Faites prendre du goût sur le feu, en remuant bien. Laissez refroidir, & emplissez votre poularde. Ficelez-la par les deux bouts, faites-la cuire doucement dans une

Sainte-Menehoult, & servez dessus un coulis à la Reine.

Poularde à toutes sortes de légumes.

La poularde se met à la broche, Entrée. & peut être servie avec plusieurs ragoûts différens, dont on trouvera la maniere d'apprêter dans le premier & second volume.

Aux oignons.
Au persil.
Aux mousserons.
A l'achia, racine confite au vinaigre comme les cornichons.
Aux concombres blancs, & aux blonds.
A l'échalotte.
Aux truffes.
A la passe-pierre.
A la criste-marine.
A l'ail.
Aux pistaches.
A la rocambole.
Aux marons.
Aux pois.
Aux petits haricots.

Aux fêves de marais, à l'ordinaire, ou en macédoine.
Au cellery.
Aux cardes & au montant.
Aux montans de Romaine.
Aux petits melons.
A la civette.
A l'eſtragon.
Aux artichaux de pluſieurs façons.
Aux choux-fleurs.
Aux morilles.
Aux laitues.
Aux pointes d'aſperges.
Et au fenouil.

On peut accommoder la poularde de même que pour la broche.

On la fait cuire dans des bardes de lard ſur des cendres chaudes; dans un morceau de pâte ou dans la cendre. Enveloppez-la avec tel aſſaiſonnement que vous voudrez. Vous la mettez au four, au pot, ou griller.

On peut faire différens hors-d'œuvres avec les aîles & l'estomac.

Des Filets de Poularde.

Filets de Poularde en blanquette.

Elle se fait de même que celle de veau. — Hors-d'œuvre

Filet de poularde à la Bechamel.

Coupez proprement des filets de poularde qui ne soit pas trop cuite. Mettez dans une casserole deux pains de beurre, persil, ciboule, échalottes, un peu de rocambole, du sel, du poivre, un peu de muscade & de farine, un jaune d'œuf délayé avec de la crème, & tournez sur le feu. Donnez lui la consistance qui convient, & jettez dedans vos filets avec jus de citron. — Hors-d'œuvre.

Filets de poularde à la crème en écharpe.

Coupez les filets d'une ou de deux poulardes qui soient longs — Hors-d'œuvre

& fort minces. Faites-les cuire dans des bardes de lard, ils se tortillent en cuisant & font l'écharpe. Etant cuits, faites-les égoutter.

Ensuite vous passez des champignons, une tranche de jambon, un bouquet avec un pain de beurre. Singez & mouillez avec de bon bouillon. Faites cuire de maniere que cela soit un peu lié. Otez les champignons, le bouquet & le jambon. Mettez-y une chopine ou demi-septier de crême qui soit bonne. Faites-la bien cuire. Mettez-y un peu de sel. Quand votre crême est consistante, jettez-y vos filets, & servez chaud.

On peut les faire à la crême, aux truffes, ou en écrévisses.

Filets de Poularde en clarquet.

Hors-d'œuvre. Ayez une poularde cuite, ôtez & levez les filets des aîles bien minces de la grandeur d'une piéce de vingt-quatre sols, bien appropriés. Arrangez dans des petits moules point percés. Mettez à chaque lit un peu de persil haché & blanchi, un peu de poivre concassé. N'emplissez pas les moules tout-à-fait. Ayez une sauce à l'aspic bien douce, faite avec du consommé réduit, bien clarifié. Versez-le dans vos moules, en se refroidissant il se met en gelée. Pour les servir il faut les tremper un instant dans l'eau chaude, & les renverser sur le plat. Les filets de soles & d'écrévisses se font de même.

Feuilletons de poularde.

Prenez la chair d'une poularde que vous feuilletez bien mincée. Prenez des truffes que vous coupez mincées de même. Faites ensorte que l'un & l'autre soit de même grandeur. Marinez le tout avec de l'huile, un peu de beurre, sel, poivre, persil,

Hors-d'œuvre.

ciboule, échalotte hachée, faites chauffer le tout dans un grand vaisseau plat, que la viande ne se touche quand elle est refaite. Arrangez le tout dans une casserole, lit de poularde, lit de truffes. Couvrez de bardes de lard mince, un peu de papier. Couvrez, faites cuire sur des cendres chaudes; servez avec le fonds de la sauce, un peu de coulis, & jus de citron.

Hatereau de filets de poularde.

Hors-d'œuvre. Ayez des blancs de poularde, levez-en de petites rouelles bien minces. Battez-les avec le manche du couteau, & les marinez avec persil, ciboule, champignons, deux pains de beurre, sel, poivre. Etendez ensuite un peu de farce fine & bien liée sur chacune. Roulez-les & les embrochez avec de petites brochettes. Vous en pouvez mettre six à chaque. Couvrez-les de crépines, &
les

DE COMUS. 121

les faites cuire à la broche ou à la braise. Mettez dessus une sauce blanche à l'Italienne. Passez des champignons avec de l'échalotte. Mouillez avec du consommé ou quinte-essence, un verre de vin, un peu d'huile, une gousse d'ail piquée d'un clou. Laissez mijoter & cuire à propos. Dégraissez, goûtez & servez à point.

Filets de poularde à la crême.

Coupez en long des filets de poularde cuits à la broche. Passez des champignons avec du beurre, un bouquet. Singez & mouillez avec du bouillon. Laissez réduire & jettez dans vos filets. Faites une liaison de jaunes d'œufs délayés avec de la crême, & un peu de muscade. Liez vos filets & y mettez le jus d'un citron.

Hors-d'œuvre.

Les bresoles de filets de poularde se font comme celles de veau.

L'escaloppe de poularde comme celle de veau. Les cascaloppes se

Tome II. F

font auſſi comme celles de veau.

Des abbatis de Poularde.

Foyes gras à la broche.

Entremets. FAites bien dégorger vos foyes dans l'eau tiéde, & ôtez l'amer. Faites-les mariner dans du perſil, ciboule, échalottes, champignons hachés, ſel, poivre, baſilic, du lard fondu & du beurre. Embrochez-les avec une barde de lard à une broche plate. Attachez-les ſur la broche avec du papier deſſous. Sur la fin de la cuiſſon, panez & ſervez avec un peu des jus de veau, & d'échalotte.

Foyes gras en caiſſon.

Entremets. Marinez-les comme ci-devant. Ayez du papier, formez un caiſſon bien fait. Mettez-y vos foyes avec leur aſſaiſonnement, & un lit de farce par-deſſus. Panez & faites prendre couleur à très-petit feu. Dégraiſſez, & ſervez avec un peu de blond de veau à chaque caisson.

Foyes gras à la poële.

Faites dégorger des foyes gras, coupez-les en rouelles, ou entiers. Accommodez-les de même que les aîlerons. — Entremets.

Foyes gras aux fines herbes.

Ils s'accommodent de même que ceux à la broche, excepté qu'on les fait cuire au four ou sous une tourtiere, & se servent de même. — Entremets.

Foyes gras en coquille.

Ayez des foyes gras bien blanchis. Coupez-les en tranches avec quelques truffes, si vous en avez. Passez-les dans une casserole avec du persil, ciboule, échalottes, & deux pains de beurre. Mouillez-les avec un peu de blond de veau. Assaisonnez d'un peu de sel & fines herbes. Laissez refroidir, emplissez vos coquilles & les couvrez d'un peu de farce. Panez-les — Entremets.

F ij

d'une mie de pain bien fine. Faites prendre couleur avec un couvercle de tourtiere ou au four.

Au lieu de farce, vous pouvez y mettre seulement un pain de beurre fondu avec un jaune d'œuf, pour soutenir la mie de pain.

Foyes gras en surprise ou en crépines.

Entremets. Hachez cinq ou six foyes gras avec un peu de lard blanchi & de graisse de veau, persil, ciboule, sel, poivre, basilic en poudre, & quelques jaunes d'œufs, mêlez bien le tout. Etendez un morceau de crépine, mettez de votre appareil dessus, & formez vos foyes gras. Mettez-y le cœur que vous aurez gardé. Enveloppez le tout de crépine, panez légèrement, & faites prendre couleur au four, servez dessous un léger blond de veau.

Foyes gras en hatelettes.

Ayez des foyes blanchis, coupez-les en dez, faites-les mariner comme ci-devant, mettez-y du petit lard entrelardé presque cuit. Embrochez vos foyes, & le petit lard dans des hatelettes. Saucez-les bien dans leur assaisonnement. Panez. Faites griller ou frire, à la Sainte-Menehoult ou au four. Servez un petit blond de veau dessous, ou à sec, ou quelque petite sauce liée.

Rôties de foyes gras.

Pilez deux ou trois foyes gras avec de la moëlle de bœuf, une truffe hachée, un peu de persil & d'échalottes, trois jaunes d'œufs durs, un peu de mie de pain trempée dans la crême, sel & poivre. Pilez le tout, mettez deux jaunes d'œufs cruds. Faites frire des rôties de pain dans l'huile. Mettez dessus de votre appareil avec quelques filets d'anchois. Dorez d'œufs & de beurre. Panez & faites prendre couleur sous une tourtiere.

Ragoût de foyes gras.

Entremets. Faites blanchir des foyes, passez des champignons avec du lard fondu, singez & mouillez avec du bouillon & jus de veau. Mettez-y vos foyes, & les finissez avec du blond de veau. Vous pouvez y mettre telle garniture que vous voudrez.

On les met en menus droits comme le palais de bœuf, & au parmesan, garni d'oignons & de croutons.

Le foye gras est d'une grande ressource ; on peut le mettre à bien des sauces différentes, en pâté chaud, en tourte ou petits pâtés.

Les foyes gras de poularde ou de chapon sont les meilleurs. Ceux de dindon sont ordinairement secs. On connoît qu'ils sont frais, quand ils sont bien blonds. On peut les garder plusieurs jours, mais il faut les couvrir de graisse pour qu'ils ne noirciſſent point.

Kneſſes à la moëlle.

Faites la même compoſition que celle ci-deſſus; au lieu de beurre de la moëlle de bœuf fondue & paſſée, point de ſel ni d'échalottes, mais un peu de ſucre & de fleur d'orange, grillé, pilé, vous les faites cuire dans un plat avec une compoſition de crême à l'Angloiſe ou autre; vous les faites prendre comme Kneſſes en Sultanne.

Entremets.

CHAPITRE IV.

Du Chapon.

ON fait le même uſage du chapon que de la poularde. Il ſuffit ici de parler des crêtes de chapon & de coq, poulets gras, & autres volailles.

Crêtes en pagote.

Pour que les crêtes ſoient blan-

Entremets. ches, il faut les échauder à l'eau plus que tiéde, les éplucher & les laisser dégorger une demi-journée. Faites-les cuire dans du bouillon, une barde de lard, une tranche de citron, & un petit morceau de beurre, gros comme une noix, manié dans un peu de farine.

Il faut faire un gratin au fond du plat, faire frire des morceaux de pain dans l'huile, & les couper de façon que vous puissiez les faire entrer dans les crêtes au lieu de farce. Arrangez-les sur le plat de maniere qu'elles soient comme sur la tête du coq. Faites attacher votre gratin, pour que le pain s'attache & que les crêtes tiennent. Dégraissez & servez dessus une sauce à l'Espagnole.

Crêtes au fenouil.

Entremets. Faites cuire de grosses crêtes; ensuite vous faites suer un petit morceau de veau avec quelques oignons deſſous, zeſtes de jambon, carottes & panais. Faites-les attacher légerement, & les mouillez avec d'excellent bouillon ou conſommé. Il faut peu de ſauce. Laiſſez cuire & mijoter en finiſſant. Faites infuſer une branche de fenouil. La ſauce doit être claire, ambrée, douce & onctueuſe, avec un léger parfum de fenouil.

Crêtes en menus droits.

Il faut avoir des crêtes cuites, les couper en filets & les accommoder comme les palais de bœuf. Entremets.

Crêtes au parmeſan.

Faites cuire des crêtes & des petits oignons. Faites ſécher & humectez la croute de deſſus d'un petit pain, avec d'excellent beurre ou de l'huile. Faites un petit gratin léger au fond de votre plat avec parmeſan rapé, du blond de veau & quelques jaunes d'œufs. Faites un peu attacher votre pain, Entremets.

F v

garnissez votre plat de crêtes, que vous aurez un peu farcies en dedans, & de petits oignons. Couvrez bien le pain. Humectez le tout avec du blond de veau & d'excellent beurre fondu. Panez avec de la mie de pain & parmesan. Faites prendre couleur au four. Dégraissez, remettez un peu de blond de veau, & servez.

Crêtes à la poulette.

Entremets. Elles s'accommodent comme les ailerons de poularde.

Crêtes à l'appetit.

Entremets. Faites cuire de belles crêtes bien blanches. Quand elles sont froides, essuyez-les & les arrangez sur le plat que vous voulez servir. Faites une sauce avec trois ou quatre échalottes hachées bien menues, du sel, du poivre concassé, du vinaigre d'estragon, de l'huile, un peu de bouillon & d'estragon haché. Remuez le tout jusqu'au moment de servir. Servez froid.

Crêtes en ragoût au blanc.

Faites-les cuire bien blanches. Entremets. Passez des champignons avec du lard fondu ou beurre. Singez avec un peu de farine, & mouillez avec de bon bouillon. Mettez-y un bouquet. Assaisonnez de sel & poivre, mettez-y vos crêtes; en finissant, une liaison de trois jaunes d'œufs délayés avec de la crême & le jus d'un citron.

Pour le ragoût de crêtes au blond, vous le passez de même, & le mouillez avec jus de veau, & le finissez avec du blond de veau.

Crêtes à l'étuvée.

Elles s'accommodent de même que les cuisses de poularde. Hors-d'œuvre.

Crêtes en rissoles.

Faites cuire de moyennes crêtes. Entremets. Farcissez-les en dedans d'une farce fine & légere. Faites mariner vos crêtes avec du jus de citron, du persil en branche, & un peu de sel. Essuyez vos crêtes & trempez dans une pâte de bierre. Faites-les frire dans du sain-doux, & les servez avec du persil frit.

Crêtes au verd-pré.

Entremets. Voyez les aîlerons de poularde.

Crêtes en allumettes.

Entremets. Voyez les palais de bœufs.

La crête étant cuite & bien blanche, peut se mettre à quantité de sauce, mais il faut qu'elle soit fraîche, blanche & blonde. Les rouges sont ordinairement dures, & deviennent noires.

Crêtes à la Polonnoise au saffran.

Ayez de belles crêtes, bien cuites & blanches, ensuite vous aurez une douzaine d'oignons blancs que vous hachez bien mince, & les passez avec un morceau de bon beurre, le tout sur un petit feu; au trois quarts passés, vous les mouillez de bon bouillon ou restaurant, surtout que l'un & l'autre n'ait point de couleur : quand cela est bien cuit, vous passez à l'étamine, que cela ne soit pas plus épais qu'une sauce blanche. Versez dans une casserole, vous aurez du safran en poudre. Vous en mettrez dans un gobelet une bonne pincée ou plus avec du bouillon bien chaud, ensuite vous en verserez dans la sauce petit à petit jusqu'à qu'elle ait une couleur bien jaune, & qu'elle ne soit pas trop forte. Vous dressez votre sauce dans le plat que vous devez servir, & les crêtes par-dessus.

CHAPITRE V.

Du dindon.

Le Dindon vieux à la daube.

EPluchez-le & le troussez en dedans. Lardez-le en travers de gros lardons, assaisonnez de

Entremets, froid.

sel, poivre, basilic, muscade & un peu d'épices. Empotez-le dans une marmite ou terrine avec quelques bardes de lard, ou quelque autre épluchure de viande. Mettez-le sur des cendres chaudes & assaisonnez de sel, poivre, clou, basilic, laurier. Couvrez-le & y mettez une chopine de vin blanc, pour deux sols d'eau-de-vie, & un demi-verre d'eau. Laissez cuire doucement le tout pendant huit heures & plus s'il le faut. Laissez-le refroidir dans sa sauce, & le servez avec.

Le vieux dindon se peut mettre en pâté ou dans le pot. On peut s'en servir à faire des blancs. On fait usage des cuisses à part.

Dindon jeune aux truffes.

Entrée. Prenez un ou deux dindons. Accommodez-les pour la broche. On peut les faire cuire dans des bardes de lard comme la poularde. Mettez dans le corps un morceau de beurre manié avec du sel, poivre, muscade, du lard rapé, quelques truffes hachées. Rebouchez-les, & ne les faites pas trop cuire. Servez dessus un ragoût de truffes bien fait.

Dindons aux truffes, foyes gras & petits oignons.

Accommodez-le comme pour la broche. Ayez des foyes gras & truffes entieres ou coupées en deux, deux douzaines de petits oignons cuits dans la cendre, ou dans des bardes de lard à moitié. Assaisonnez le tout ensemble avec du lard rapé, un ou deux pains de beurre, un peu de blond de veau, du sel, poivre & basilic, le tout bien marié ensemble. Emplissez votre dindon, & le faites cuire à la broche. Servez dessus un blond de veau avec quelques truffes. *Grosse Entrée.*

Dindon au restaurant.

Prenez deux petits dindons bien *Entrée.*

épluchés, trouffez-les en dedans;
ôtez l'os du brichet & de l'eſtomac. Mettez à la place des hatereaux de veau. Etouffez-les dans
une braiſe bien faite ſur des cendres chaudes, aſſaiſonnez à l'ordinaire. Servez-les bien blancs.
Paſſez le reſtaurant, dans lequel
vous mettrez une échalotte hachée bien menue.

Dindon en galantine.

Entrée. Il s'accommode de même que la poularde.

Dindon fouré.

Entremets froid. Déſoſſez-le entiérement par le dos. Ayez deux noix de veau, bien blanches & tendres, que vous pi- querez de gros lard, aſſaiſonné à l'ordinaire. Mettez le veau dans le corps du dindon. Piquez auſſi le dedans du dindon ſans offenſer la peau. Aſſaiſonnez le tout comme il convient, faites-le refaire & le fi- celez. Faites-le cuire comme une daube bien nourrie, & le ſervez chaud ou froid, avec de ſa ſauce.

Dindon à différentes sortes de légumes.

Le dindon, comme viande blanche, se met à la broche, ainsi que la poularde.

On le met au cellery.
Aux cardes au montant.
Aux oignons.
A la passe-pierre.   Entrée.
A l'échalotte.
Aux chateignes ou marons.
Aux truffes & aux mousserons.
Aux concombres, petits melons & cornichons.
Aux pois, aux féves.
A la chicorée.
A la criste-marine.
Aux morilles.
Aux racines & aux navets.
Et autres légumes, graines & racines. (Voyez à l'article des légumes.)
Il se met aussi à l'Italienne.
A la poële.
Au beurre d'écrevisses.

A l'aspic.
A l'agneau.
A la polonnoise, & plusieurs autres.

Le paonneau s'accommode de même que le dindon. Il faut qu'il soit jeune & bien mortifié, parce qu'il n'est pas aisé à digérer.

D'ailleurs, quoiqu'il ait assez bon goût, il n'est pas beaucoup en usage. Il n'est estimé que pour sa beauté ; on dit vulgairement qu'il a la tête d'un serpent, la queue d'un ange, & la voix d'un Diable.

Des Cuisses de dindon.

Cuisses de dindon glacées.

Hors-d'œuvre.

Faites-les refaire, & les piquez comme des fricandeaux. Faites-les cuire & glacez de même. On pique aussi les aîles.

Cuisses de dindon, Barbe-Robert.

Faites-les cuire à la broche, & les panez légèrement, faites-les griller à petit feu, & servez dessous une sauce Robert.

Cuisses de dindon à la crême.

Piquez-les de lard & de jambon, assaisonnez à l'ordinaire. Faites-les cuire dans du lait, un peu de beurre, de fines herbes, de la coriandre, quelques oignons, clous de girofles. Prenez garde qu'elles ne cuisent trop. Laissez-les égoutter, & les trempez dans une Sainte-Menehoult. Panez-les & leur faites prendre couleur. Servez dessous une poivrade liée.

Hors-d'œuvre.

Cuisses de dindon fourées.

Prenez deux ou trois cuisses de dindon. Désossez-les, & ne laissez que le bout de l'os qui joint à la patte. Faites un salpicon crû de truffes en dez, de foyes gras, de ris de veau. Assaisonnez de sel, poivre, basilic, muscade, persil, ciboule, échalottes hachées, & du lard rapé, & deux jaunes d'œufs. Fourez vos cuisses avec

Hors-d'œuvre.

cet appareil, cousez-les, & les faites cuire dans des bardes de lard pour qu'elles soient bien blanches. Mettez dessous une sauce à l'Italienne.

On fait le même usage des blancs du dindon, & des filets comme de ceux de la poularde.

La pintade & le pintadeau s'accommodent de même, comme les autres viandes ci-dessus.

On peut conserver des aîles & des cuisses de dindon, en les préparant comme les cuisses d'oyes.

Des Aîlerons de dindon.

Aîlerons de dindon fourés.

Hors-d'œuvre. Echaudez des aîlerons de dindons, ne laissez que le bout de l'aîle. Fourez-les de même que les cuisses. Faites-les cuire, & les servez de même.

Aîlerons de dindons glacés.

Hors-d'œuvre. Piquez-les de menu lard, & les faites cuire avec de bon bouillon, bardes de veau & un bouquet. Glacez-les comme des fricandeaux, & les servez avec telles légumes que vous jugerez à propos.

Aîlerons de dindons aux navets.

Vous les faites cuire dans une braise blanche, & jettez dessus un ragoût de navets.

Vous faites des terrines d'aîlerons de dindon, en les mêlant avec quelqu'autre chose, le tout cuit à la braise, & servez avec graine, purée ou légumes.

Aîlerons de dindons en surprise.

Ils se font des peaux de poulardes que vous coupez en morceaux pour former vos aîlerons ; vous mettez de cette peau dans des moules de cuivre faits en aîlerons ; vous les emplissez de farce fine, les couvrez & les soudez avec de l'œuf. Faites cuire sous une tourtiere, ensuite renversez-les, servez dessus telle sauce que vous voudrez.

Des pattes de dindon.

Pattes de dindons bottées.

Entremets. Echaudez-les, & coupez les onglets. Faites-les cuire dans une bonne braise, & les enveloppez de farce fine & consistante. Trempez-les dans des œufs battus ou omelette. Faites-les frire de belle couleur, & les servez avec du persil frit.

Pattes de dindons à la Sainte-Menehoult.

Entremets. Faites-les cuire à la braise, & les trempez dans une Sainte-Menehoult, bien grasse & bien onctueuse. Vous les panez de mie de pain bien fine, faites griller, & servez à sec avec jus de citron.

Pattes de dindons à l'Espagnole.

Entremets. Faites-les cuire à la braise, mettez-les égoutter, & les dressez sur le plat que vous voulez servir, & jettez dessus une sauce à l'Espagnole.

On peut même, pour la propreté, ôter le gros os; & ne servir que les grifs avec la même sauce.

CHAPITRE VI.

Du Poulet.

Différentes façons d'accommoder les poulets gras, communs, à la Reine & aux œufs.

LEs poulets gras & autres, que l'on veut servir pour entrée de broche, s'accommodent de même que la poularde.

Fricassées de poulets.

Prenez des poulettes autant que vous le pourrez ; parce qu'elles sont plus tendres. Il faut les vuider & les refaire. Levez proprement chaque membre, & les mettez dans un vaisseau avec de l'eau tiéde, échaudez les pattes & accommodez les foyes. Vuidez le

Entrée.

gésier. Lavez bien le tout & le laissez égoutter. Ensuite mettez vos poulets dans une casserole avec un peu de lard ou excellent beurre, un bouquet de persil, ciboule, dans lequel vous mettez deux clous de girofle, des champignons ou autres garnitures qui ne soient pas plus dures à cuire que les poulets, à moins que de les faire cuire auparavant. Quand le tout est passé, singez les poulets d'un peu de farine, & les mouillez d'un peu d'eau, autant qu'il en faut pour les faire cuire. Assaisonnez de sel & poivre. En finissant, faites une liaison de deux ou trois jaunes d'œufs, avec un peu de bouillon ou crême, dans lequel vous mettez un peu de persil haché bien menu, un peu de muscade, si on l'aime, & vous y mettez du verjus, ou pointe de vinaigre ou citron. Dressez & servez.

En général la fricaffée n'eft bonne, qu'autant qu'elle eft fimple.

Fricaffée de poulets à la crême, aux moufferons.

Prenez deux petites poulettes Entrée. dans la nouveauté, accommodez-les comme ci-devant, & les mettez dans une cafferole avec un bouquet, des moufferons, du fel, deux pains, de beurre. Etouffez-les fur des cendres chaudes. L'eau des moufferons, le beurre & le jus de poulet feront fuffifans pour les faire cuire. Pour les finir, mettez-y un demi-feptier de bonne crême, & la moitié d'un pain de beurre manié. Point d'acide.

Fricaffée de poulets à la Hollandoife.

Paffez vos poulets à l'ordinaire, Entrée. fingez un peu & mouillez avec du bouillon, & un verre de vin de Champagne, un bouquet de perfil & ciboule, deux clous, une gouffe d'ail. En finiffant, faites une liaifon de trois jaunes d'œufs avec du persil blanchi & haché bien menu. Délayez avec du bouillon, & le jus de la moitié d'un citron.

Autre fricassée de poulets.

Entrée. Ayez des poulettes que vous échaudez comme des pigeons. Coupez-les à l'ordinaire. Faites fondre du beurre dans un chaudron, terrine ou casserole. Jettez dedans vos poulets avec un oignon ou deux. Piquez d'un clou, assaisonnez de sel & poivre. Quand ils sont bien passés, singez un peu & mouillez avec de l'eau. Faites bouillir à grand feu. Il faut que l'eau qu'on met dedans soit bouillante, pour que les poulets n'ayent pas le tems de se racornir. Quand la sauce est réduite, mettez une liaison de trois jaunes d'œufs délayés avec de l'eau, un peu de vinaigre ou verjus, & un peu de muscade. Versez sur le plat, & servez.

Ces sortes de fricassées se font quand on est bien pressé. Il ne faut qu'une demi-heure pour les échauder & les fricasser.

Giblotte de poulets.

Ayez des poulets épluchés, re- faits & troussés en dedans comme une poule que l'on met au pot. Coupez-les en quatre, & les passez sur le feu avec tous leurs abbatis, un bouquet, & une douzaine de petits oignons blancs. Singez-les, & mouillez avec du jus de veau, & vin de Champagne. Laissez mijoter & cuire à petit feu. Dégraissez. En finissant un peu de blond de veau, une petite pincée de capres, & la moitié d'un anchois bien haché. *Entrée*

Giblotte de poulets aux truffes.

Elle se fait de même que ci- devant, hors les truffes que vous mettez dedans sans anchois. *Entré*

Elle se fait de même aux morilles.

Giblotte ou fricassée de poulets à l'Italienne.

Entrée. Coupez les poulets à l'ordinaire, passez-les avec un pain de beurre, un bouquet, du sel, du poivre, quelques champignons. Singez un peu, & mouillez avec un verre de vin, du bouillon, une cuillerée d'huile. En finissant, mettez un peu de blond de veau pour lier & un grand jus de citron.

Poulets, sauce à la bécasse.

Entrée. Ayez deux ou trois poulets aux œufs ou autres, selon votre commodité, préparez-les comme pour une entrée à la broche à l'ordinaire ; au lieu de farce que vous metteriez dans le corps, mettez-y le dedans de deux ou trois bécasses, elles vous serviront à autre chose, fermez bien vos poulets, faites-les cuire aux trois quarts à la broche, ensuite laissez-les refroidir. Vous levez les membres des poulets que vous marquerez à part, vous écraferez le dedans de vos poulets avec un peu d'échalottes, fel, poivre, une cuillerée à caffé d'huile, deux verres de bon vin, un peu d'eau, ou bouillon, jus ou coulis. Faites bouillir, goûtez & paffez la fauce fur vos poulets, en fervant un jus de bigarrade & quelques zeftes. On peut y mettre des croutons. On peut mettre à cette fauce toutes fortes de viande blanche & gibier qui ne porte point fon fumet.

Poulets aux œufs à la barbarine.

Prenez deux poulets gras aux œufs. Epluchez-les proprement, & les faites refaire dans l'huile. Effuyez-les bien & les laiffez refroidir. Ayez des tranches de truffes, de foyes gras, de petit lard cuit aux trois quarts, des filets d'oignon paffés un peu dans du beurre ou lard fondu. Affaifonnez le tout de fel, poivre, bafi- *Entrée.*

lic, persil, ciboule, un peu de lard rapé, & deux jaunes d'œufs. Levez les cuisses & les aîles de vos poulets & mettez de cet appareil en dedans de chaque. Mettez dans le corps le reste, coupé en petits dez très-fins, avec une farce de moëlle de bœuf, de foyes gras & truffes hachées. Faites reprendre à vos poulets leur figure ordinaire, & les enveloppez de bardes de lard & papier beurré, & les faites cuire à la broche. Il faut que vos poulets soient bien blancs.

Pour la sauce vous foncez une petite marmite de tranches d'oignons, zestes de carotes & panais, une ou deux bardes de lard, quelques morceaux de rouelles de veau, un poulet coupé en quatre, le tout assaisonné de sel, poivre, deux clous, un peu de basilic, trois ou quatre racines de persil, une cuillerée d'huile, un demi-verre de bon bouillon. Faites suer le tout sur des cendres chaudes pendant deux heures pour faire sortir le jus, surtout que la marmite soit bien bouchée pour que le parfum de la sauce ne s'évapore pas. Vous la passez au tamis de soye, & la dégraissez. Mettez-y un pain d'excellent beurre manié avec un peu de farine, & une pincée d'échalottes hachées & blanchies dans du bouillon. Il faut que la sauce ait un peu de consistance. Servez-la dessus vos poulets.

Poulets au Wastresiche.

Coupez des poulets gras par membres ou par quartiers. Faites-les revenir dans du bouillon, & un morceau de beurre. Arrangez-les dans une casserole que vous aurez foncée de quelques légeres bardes de lard. Mettez de la racine de persil bien épluchée & blanchie, quelques petits paquets de

Entrée.

persil verd, en feuilles. Recouvrez avec quelques bardes de veau, un bouquet, une tranche de jambon, du sel, du poivre. Faites suer le tout pendant une demi-heure, & le mouillez de quinte-essence ou restaurant. Achevez de faire cuire. Pour les servir vous dressez vos poulets sur le plat proprement, ensuite la racine & les petits paquets de persil. Vous passez la cuisson que vous faites réduire au point d'une sauce, & la jettez sur vos poulets. Prenez garde au sel.

Poulets à la Polonoise.

Entrée. Epluchez & flambez des poulets. Troussez les pattes dessus l'estomac, & leur coupez le nerf qui est derriere, ce qui fait rompre les pattes d'elles-mêmes sur l'estomac. Mettez dans le corps une petite farce avec leurs foyes un peu blanchis & hachés avec du sel, poivre, muscade, basilic, deux pains de beurre de Vanvre, ou autre qui soit fin, ou du lard rapé, persil, ciboule, échalottes, un jaune d'œuf, le tout bien pilé. Refermez vos poulets, & les faites cuire à la broche à moitié. Otez-les & les laissez refroidir. Levez chaque membre de vos poulets sans les séparer. Mariez deux pains de beurre avec sel, poivre, persil haché, ciboule, échalotte, un peu de gingembre rapé, de la mie de pain bien fine. Mettez sous chaque membre. Vous mettez ensuite vos poulets dans une casserole, l'estomac dessous, avec un demi-verre de bouillon, & un demi-verre de vin de Champagne. Faites mijoter un demi quart d'heure sur des cendres chaudes. En finissant, jus d'orange avec quelques zestes.

Poulets à la cerfeuillade.
Accommodez des poulets com-

Entrée. me pour la broche, qui soient bien blancs. Faites suer un petit morceau de veau avec quelques tranches d'oignon, zestes de carottes & panais, zeste de jambon, & un peu de bouillon pour aider à suer. Quand cela commence à s'attacher, mouillez avec du bouillon & du vin de Champagne, un verre d'huile, deux gousses d'ail piquées, deux clous. Faites bouillir jusqu'à parfaite cuisson. Passez & dégraissez. Ayez du cerfeuil concassé & blanchi dans du bouillon. Egouttez, & le mettez dans une casserole avec un pain de beurre marié avec un peu de farine. Mouillez de votre bouillon, & tournez sur le feu pour donner un peu de consistance à la sauce.

Poulets au verd-pré.

Entrée. Epluchez-les, & les coupez en quatre. Faites-les cuire dans des bardes de lard sur des cendres chaudes pour qu'ils soient bien blancs. Egouttez & servez dessus une sauce au verd pré. (Voyez les aîlerons.)

Poulets en papillottes.

Coupez-les en quatre, désossez chaque membre, & ne laissez que le bout des cuisses & des aîles. Ayez une petite farce fine de foyes gras, moëlle de bœuf ou tétine de veau, persil, ciboule, deux jaunes d'œufs durs & deux cruds, le tout bien pilé. Mettez de cette farce à chaque membre de poulet. Roulez-les, & les cousez pour que rien ne sorte. Faites-les mariner avec deux pains de beurre, un peu de lard fondu, du sel, poivre, basilic en poudre, muscade, persil, ciboule, champignons hachés très-menu. Quand cela est à demi-froid, vous avez autant de morceaux de papier qui soient forts & bien colés, empapillotez chaque membre avec de

Entrée.

l'assaisonnement. Faites cuire dans un four doux. Pour les servir ôtez le papier & dressez vos poulets dans le plat. Mettez tout l'assaisonnement qui est resté au papier dans une casserole avec du blond de veau. Faites bouillir, dégraissez, & servez sur vos poulets.

Si vous ne les voulez pas mettre en papillottes, accommodez-les de même, & les faites cuire dans un plat d'argent bien couvert d'une assiette & d'une serviette, le tout sur des cendres chaudes, & servez.

Poulets en chipoulate.

Entrée. Vous les accommodez de même que les aîlerons de poularde.

Poulets en bressole.

Entrée. Prenez huit aîles de poulets bien levées. Coupez le bout de l'os & parez le tout. Otez la peau & les battez avec le dos du couteau Faites-les mariner dans un pain de beurre, un demi-verre d'huile, perfil, ciboule, échalotte, fel, poivre concaffé. Arrangez vos aîles dans un grand plat ou cafferole, & les mettez fur un grand fourneau. Quand elles fe détachent d'un côté, retournez-les de l'autre. Otez les aîles, & mettez dans la cafferole un demi-verre de vin, autant de quinte-effence, un peu de blond de veau. Faites bouillir un inftant & dégraiffez. Jettez la fauce fur vos aîles avec jus de citron. On peut frotter le plat de rocambole.

Poulets en boudin blanc.

Epluchez deux petits poulets, Entrée. fendez-les par le dos, vous les défoffez & étendez de la farce fine deffus, enfuite un falpicon cuit, bien lié & de bon goût. Recoufez le dos, & leur faites prendre la même forme. Faites-les cuire dans des bardes de lard.

Enfuite vous hachez des blancs de volaille ou perdrix, tetine de veau, un peu de mie de pain dans la créme. Aſſaiſonnez de blanc de ciboule, quelques oignons cuits dans la cendre, ſel, poivre, muſcade & fines épices. Pilez le tout & liez de trois jaunes d'œufs, & de la panne coupée en petits dez. Vos poulets étant cuits, faites-les refroidir. Mettez ſur une crépine de la farce, des poulets & de la farce. Enveloppez-les de crépines, & les ſoudez avec un œuf. Panez légerement, & faites prendre belle couleur, ſervez deſſous du blond de veau.

Poulets aux huitres vertes & aux truffes.

Entrée. Accommodez des poulets comme pour la broche, qui ſoient bien cuits & blancs. Mettez dedans deux pains de beurre manié avec quelques truffes coupées en petits dez, & quelques huitres aussi coupées en petit dez avec persil, ciboule.

Pour la sauce, prenez quatre grosses truffes & une douzaine de grosses huitres vertes, ou deux douzaines de petites que vous ferez blanchir dans leur eau, & dont vous ôterez le durillon & les barbes. Frottez une casserole d'excellent beurre. Mettez-y persil, ciboule, & truffes hachées, ensuite un lit de tranches de truffes, puis de fines herbes hachées, ensuite les huitres, puis des truffes, & enfin de fines herbes. Arrosez le tout d'un peu d'huile, faites suer sur des cendres chaudes pendant un demi-quart d'heure. Dressez vos poulets, les huitres & les truffes. Jettez dans votre casserole un demi-verre de vin, & un peu de consommé ou quinte-essence. Faites bouillir, dégraissez & servez sur vos poulets avec jus de citron.

Poulets en marinade.

Entrée. Ayez de gros poulets gras, ou bons poulets communs, levez la peau & les membres proprement. Mettez-les à l'eau tiéde pour les dégorger. Ne coupez point l'os de la cuisse, ou si vous le coupez, prenez garde qu'il ne reste quelques petits os dedans. Faites égoutter vos poulets, ensuite mariner avec du bouillon, du vinaigre ou du citron, ou verjus, persil, ciboule, tranche d'oignon, quelques clous, une branche de basilic, du sel, du poivre. Mettez le tout sur des cendres chaudes pour faire prendre goût. Egouttez-les, & les ressuyez. Passez-les dans un peu de blanc d'œufs fouettés. Farinez & faites frire bien blond. Servez avec du persil frit.

On peut les tremper dans une pâte à frire.

On peut aussi les paner en les trempant dans une omelette.

Poulets à la Tartare. Entrée.

Ils s'accommodent de même que la poularde.

Poulets gras aux huitres.

Voyez la poularde.

Poulets à la Sainte-Menehoult. Entrée.

Piquez deux poulets de lard & jambon. Trouffez-les comme pour mettre au pot. Concaffez les os & les applatiffez, faites les cuire dans du lait, bardes de lard, fel, bafilic, clous, coriandre. Quand ils font cuits, faites-les égoutter, & les trempez dans une Sainte-Menehoult. Faites prendre couleur au four, & fervez deffus telle fauce que vous jugerez à propos.

Poulets mignons.

Défoffez-les entiérement par la Entrée. poche. Prenez la chair dont vous faites une farce fine. Empliffez vos poulets, arrêtez bien les deux côtés pour que la farce ne forte point, faites-les blanchir dans du lait, & un morceau de beurre. Egouttez-les deſſus un linge. Etant froids vous les piquez de menu lard. Faites-les cuire comme un fricandeau, & glacez de même. Servez deſſous une ſauce à l'Eſpagnole.

Poulets à l'eſtoufade, ou à la cendre.

Entrée. Accommodez-les comme pour la broche, & les piquez de moyen lard & jambon bien aſſaiſonné, une petite farce de leurs foyes dans le corps. Foncez une caſſerole de bardes de lard & de veau, quelques zeſtes de carottes, panais, tranches d'oignon, clous, baſilic, le tout bien étouffé dans des cendres chaudes. Etant cuits, vous les tirez & les laiſſez égoutter. Servez-les avec leur ſauce bien dégraiſſée; ou jettez dans la cuiſſon un peu de bouillon ou liaiſon de veau, quelques tranches de citron. Faites bouillir le tout, & servez dessus vos poulets.

Poulets à la Hollandoise.

Accommodez-les pour la broche, ne les faites pas plus cuire que les entrées de volaille à la broche doivent être, & blancs par-dessus. Prenez deux verres de pains d'excellent beurre, une pincée de persil haché & blanchi, une gousse d'ail piquée d'un clou, un peu de farine. Tournez sur le feu, en finissant jus de citron, & servez sur vos poulets. *Entrée.*

Poulets aux écrévisses ou au beurre d'écrévisses.

Voyez à la poularde.

Poulets aux truffes.

Accommodez-les comme pour la broche. Mettez dedans une petite farce, dans laquelle vous hacherez une truffe. Etant cuit, vous jettez dessus un ragoût de truffes. *Entrée.*

Pigeons aux truffes à l'Italienne.

Entrée. Accommodez vos poulets tout prêts à mettre à la broche. Foncez une casserole de bardes de lard. Arrangez-y vos poulets, & y mettez des tranches de truffes avec du persil, ciboule, un peu d'huile. Recouvrez de bardes de veau. Assaisonnez à l'ordinaire, & mouillez d'un peu de vin de Champagne. Faites mijoter sur des cendres chaudes. Étant cuits vous les faites égoutter, vous ôtez le veau & bardes de lard, & mettez dans la casserole une cueillerée de blond de veau. Faites bouillir, dégraissez & servez sur vos poulets avec jus de citron.

Poulets à l'écarlate.

Entrée. Epluchez les, & levez la peau sur le dos, l'estomac & les côtés. Garnissez-les entre la peau & la chair, de beurre d'écrévisses bien faits, assaisonné de sel, poivre, basilic, persil, ciboule, échalottes. Attachez bien le côté du croupion & la peau de la poche. Faites-les refaire proprement. Embrochez-les & les couvrez de bardes de lard. Etant cuits, servez dessous une sauce à l'Espagnole ou à la carpe. Pour le contraste vous pouvez servir dessous une sauce blanche.

Poulets au persil.

Levez-en la peau comme ci-dessus. Ayez du persil blanchi haché bien menu & même pilé. Maniez-le avec sel, poivre, un morceau d'excellent beurre, un jaune d'œuf, ciboule, échalottes. Garnissez vos poulets entre peau & chair. Faites-les cuire à la broche. Faites une sauce au persil avec de la quinte-essence, dans laquelle vous aurez fait infuser une pincée de persil concassé, passez la sauce & y mettez un pain de beurre manié pour lui donner de la consistance.

Entrée

Poulets à la rocambole.

Entrée. Ils s'accommodent de même que la poularde.

Poulets à l'échalotte.

Entrée. Faites suer un morceau de veau avec quelques tranches d'oignon, carottes, panais, & un peu de jambon. Laissez attacher comme un jus de veau léger. Mouillez avec de bon bouillon. Laissez cuire la sauce. Faites-y infuser une poignée d'échalottes hachées. Passez la sauce, goûtez & y mettez un pain de beurre manié. Jettez la sauce sur vos poulets bien cuits & blancs.

Poulets à l'angloise.

Entrée. Accommodez-les comme pour la broche. Faites une farce de foyes avec du lard rapé, quelques fines herbes & un morceau de beurre, assaisonné à l'ordinaire. Faites-les cuire, ensorte qu'ils soient blancs. Faites une sauce avec un peu de blond de veau, deux pains de beurre, deux ou trois échalottes hachées, & une pincée de capres hachées, un foye gras auſſi haché, un peu de ſel, poivre, muſcade, tranches de citron. Tournez ſur le feu pour faire prendre corps à la ſauce. Otez les tranches de citron, & ſervez la ſauce ſur vos poulets, avec un jaune d'œuf dur haché. Jus de citron.

Poulets aux cornichons.

Faites-les cuire à la broche bien blancs ou au four dans des bardes de lard. Jettez deſſus un ragoût de cornichons. (Voyez à l'article des légumes.) Entrée.

Poulets à la veſtale.

Ce ſont des poulets graiſſes, trouſſes en dindonneaux cuits à la broche bien blancs avec une farce fondant dans le corps; quand ils ſont cuits, ſervez deſſus une ſauce à la veſtale, marquée à l'article des ſauces. Entrée.

Poulets à la brune foncée.

Ayez des poulets préparés pour la broche à l'ordinaire, avec une farce fondante dans le corps, & entre la chair & la peau de l'eſtomac, une farce de foyes & truffes pilées; enſuite faites-les refaire à la coutume. Faites cuire à la broche, ſervez avec un conſommé réduit dans lequel vous mettrez des truffes très-fines.

Les poulets blondins ne ſont autre choſe que des poulets en fricandeaux.

Les poulets ſe farciſſent entre la peau & la chair avec du beurre d'écréviſſes. Mettez-les à la broche. Faites la ſauce avec un peu de conſommé de blond de veau, un peu de beurre d'écréviſſes, ſel & gros poivre.

Les poulets jonquilles ſe font de même avec un peu de beurre, de ſafran, lard rapé dans la ſauce de même ; le tout veut être bien ménagé.

Poulets

Poulets à la Margot.

Prenez deux poulets, retrouſſez les pattes en dedans comme pour mettre au pot. Faites-les refaire un peu dans le beurre & citron. Enſuite piquez l'eſtomac de perſil, les deux côtés de petit lard. Faites cuire à la broche, arroſez de lard fondu le perſil; quand ils ſont cuits, fendez le milieu de l'eſtomac, & mettez un ragoût de concombres en petits dez, ou autre ragoût de légumes. Remettez & cachez l'ouverture avec le perſil. Servez avec du blond de veau ou autre ſauce.

Poulets fourés.

Les poulets fourés ſont des petits pouſſains trouſſés en poule, & mis dans des noix de veau bien enfermés. Piquez les fricandeaux, & finiſſez de même.

Poulets à différentes sortes de légumes.

Entrée. Les poulets se mettent aussi au cellery.

Aux cardes & au montant, au jus, au bouillon, ou au beurre, & petits oignons.

Au montant de Romaine.

Aux petits melons.

Aux épinars.

Aux petits haricots.

Aux mousserons.

Aux morilles.

Et aux pois. (Voyez à l'article des légumes.)

Poulets aux artichaux à la Françoise, petite sauce.

Faites cuire vos poulets bien blancs.

Entrée. Prenez des artichaux qui soient des cœurs & non pas des montáns. Coupez-les comme pour frire. Otez le foin proprement & toutes les feuilles vertes. Ne laissez que les petites feuilles jaunes & tendres. Faites-les blanchir & cuire dans du bouillon avec quelques tranches de citron pour qu'ils soient bien blancs, mais prenez garde qu'ils ne soient trop cuits. Ensuite vous les faites égoutter. Vous passez avec un pain de beurre, du persil, de la ciboule, échalottes, une gousse d'ail, le tout haché. Singez & mouillez avec deux verres de quinte-essence, un demi-verre de vin de Champagne, un demi-verre d'huile, du sel, du poivre, un bouquet avec deux clous, & une branche de fenouil. Dégraissez bien la sauce. Ensuite vous arrangez vos artichaux autour des poulets, & quelqu'un dessus. Jettez la sauce dessus avec jus de citron.

Les poulets au suprême & au Monarque s'accommodent de même que la poularde. Entrée.

Poulets à l'Allemande.

Prenez deux poulets gras d'éga- Entrée.

le grosseur. Faites une farce de leurs foyes. Mettez-la dans leurs corps. Enveloppez-les de bardes de lard, & les faites cuire à la broche bien blancs. Passez des tranches d'oignon dans l'huile. Faites-les égoutter, passez des champignons, persil, ciboule, échalottes, un foye gras, le tout haché & mouillé avec du blond de veau, & un verre de vin. Mettez-y vos oignons. Faites mijoter la sauce, dégraissez & servez sur vos poulets avec deux croutons à côté que vous aurez fait frire dans l'huile après vos oignons, & pointe de vinaigre.

Poulets au fenouil.

Entrée. Accommodez deux petits poulets comme pour la broche. Foncez une petite marmite comme pour une braise de veau. Mettez-y vos poulets, recouvrez, & y mettez l'assaisonnement ordinaire avec un bouquet de fenouil. Faites cuire sur des cendres chaudes sans les mouiller, faites égoutter, passez la sauce dans un tamis de soye. Faites blanchir de petits cœurs de fenouil bien tendres, jettez dans votre restaurant avec un demi-pain de beurre manié. Faites prendre corps à la sauce, goûtez & servez sur vos poulets.

Poulets à la Ravigotte chaude.

Faites-les cuire à la broche, ensuite faites suer dans une casserole, tranches d'oignon, carottes & panais, un petit morceau de veau & un peu de jambon. Mouillez à blanc avec du bouillon & vin de Champagne. Mettez-y deux gousses d'ail piquées d'un clou. Choisissez les herbes à ravigotte que vous aimez le mieux, qui sont l'estragon, la civette, le beaume, la pimprenelle, le cresson à la noix & le cerfeuil. Hachez-les bien menues. Faites-les infuser dans un gobelet avec un

Entrée.

peu de sauce bien chaude. Passez la sauce dans une casserole à part, faites la bien chauffer avec un pain de beurre un peu manié, & jettez dedans la quantité que vous voudrez des herbes infusées, avec jus de citron.

Poulets en matelotte.

Entrée. Epluchez-les, levez-en les membres ou les coupez en quatre. Faites-les cuire avec quelques bardes de lard dessous, deux douzaines de petits oignons bien blanchis & épluchés, une petite anguille coupée en tronçons, un bouquet de basilic & laurier, deux clous, une poignée de capres. Mouillez avec du bouillon & vin blanc, sel & poivre. Laissez mijoter sur le feu, ensorte que cela ne soit pas trop cuit. Faites égoutter, dégraissez, & dressez sur votre plat. Garnissez de croutons, queues d'écrévisses & laitances si vous en avez. Jettez dessus une sauce à la carpe bien faite.

On est dans l'usage de mêler la viande avec le poisson. Par conséquent on peut mettre avec des poulets ou autre viande blanche toutes sortes de filets de poisson d'eau douce : mais il faut y mettre une sauce un peu relevée.

Poulets en fricandeaux.

Troussez vos poulets comme pour mettre au pot ; piquez-les de menu lard, & les faites cuire comme les fricandeaux. Glacez & servez avec telle sauce que vous voudrez. *Entrée.*

Poulets au parmesan.

Vous les accommodez de même que les aîlerons de poularde, cependant vous pouvez y changer ce que vous voudrez. *Entrée.*

Poulets en grenadin.

Désossez vos poulets en les ouvrant par le dos. Remplissez-les de farce ou salpicon, de truffes, *Entrée.*

de foyes gras, ris de veau, ou ce que vous aurez, le tout coupé en dez avec perſil, ciboule, échalottes hachées. Aſſaiſonnez de ſel, poivre, baſilic, du lard rapé, & quelques jaunes d'œufs. Quand ils ſont pleins, ramenez la peau de vos poulets & les fermez comme une bourſe. Faites-les refaire, piquez, faites cuire & glacez. Servez deſſous telle ſauce que vous voudrez.

Poulets gras aux petits œufs.

Entrée. Faites durcir des œufs, hachez les jaunes avec du perſil, ciboule, échalottes, ſel, poivre, baſilic, un peu de mie de pain mitonnée dans la crême, quatre jaunes d'œufs cruds, quatre pains de beurre, un peu de moëlle de bœuf, le tout bien pilé enſemble, & de bon goût. Formez-en de petits œufs, comme les petits œufs ordinaires, farinez & faites frire dans du ſain-doux qui ſoit blond. On peut les faire cuire dans du bouillon. Paſſez un peu de veau avec champignons & un morceau de beurre. Singez & mouillez avec d'excellent bouillon. Quand le veau eſt cuit, paſſez la ſauce, jettez dedans une liaiſon de deux jaunes d'œufs avec un peu de perſil haché, délayés avec du bouillon, jus de citron, & jettez dedans vos petits œufs ſans les laiſſer bouillir davantage. Mettez ces petits œufs ſur des poulets entiers, cuits à la broche, ou coupés cuits dans des bardes de lard.

Poulets aux petits oignons.

Accommodez vos poulets pour la broche. Faites-les cuire bien blancs. Faites cuire à moitié deux douzaines de petits oignons blancs dans des bardes de lard, & un peu d'huile & de ſel. Faites-les égoutter & les mettez dans une caſſerole avec deux verres de Entrée quinte-essence, ou consommé, un demi-verre de vin, une bonne pincée de persil, un bouquet de clous & fenouil. Achevez de faire cuire vos oignons, dégraissez, ôtez le bouquet, & servez jus de citron.

Les oignons étant cuits comme ci-devant, on peut les mettre dans du blond de veau pour changer.

Poulets au beurre.

Entrée. Faites-les cuire à la broche bien blancs. Mettez dans une casserole deux pains de beurre marié avec un peu de blond de veau ou jus de veau, du sel, poivre, un peu de muscade, & belles tranches de citron. Tournez la sauce. Quand elle est consistante & de bon goût, jettez-la sur vos poulets avec du poivre concassé.

Poulets au verjus.

Entrée. Prenez du verjus, ôtez-en les pepins, faites-le blanchir un bouillon, & le jettez dans un blond de veau. Faites-le chauffer un peu & le jettez sur vos poulets cuits à la broche.

Autres poulets au verjus.

Faites-les cuire à la broche Entrée. comme ci-devant.

Mettez dans une casserole un pain de beurre, un jaune d'œuf, du sel, poivre concassé, & un peu de farine. Délayez la sauce avec du bouillon & du verjus en liqueur. Tournez sur le feu comme une sauce blanche. Quand elle est consistante, ôtez-la, & la servez sur vos poulets.

Cette sauce est appétissante.

Poulets à plusieurs sauces.

Le poulet se met à plusieurs sauces.

A l'Espagnole.
Aux petits œufs, (c'est un ragoût.) Plusieurs Entrées.
A la passe-pierre.
Aux pistaches.
Aux concombres.
A l'estragon.

Aux choux-fleurs.
Aux pointes d'asperges.
Aux foyes gras.
Aux crêtes.
Sauce à la carpe.
Sauce au brochet.

Poulet à la civette.

Entrée. Faites-les cuire à la broche, mettez dans une casserole du blond de veau, un pain de beurre, une bonne pincée de civette. Faites bouillir un bouillon, & servez sur vos poulets.

Autres poulets à la civette.

Entrée. Faites-les cuire à la broche.
Pour la sauce, mettez dans une casserole deux ou trois verres de quinte-essence, une pincée de civettes hachées, & un pain de beurre manié. Tournez sur le feu, mettez-y un peu de poivre concassé, & servez sur vos poulets.

Ils se font de même à la ciboulette.

Poulets à l'abri au persil.

Prenés deux poulets, épluchés, flambés, & troussés comme pour le pot. Battez-les, ôtez l'estomac & le brichet. Mettez dedans une petite farce. Faites-les refaire, & les piquez, & garnissez de persil bien frais, ensorte qu'ils soient à l'abri. Mettez-les à la broche avec une grosse barde de lard sur les reins qui ne soit pas piquée de persil. Arrosez vos poulets avec d'excellent sain-doux, après que le persil a pris le sec. Prenez garde qu'il soit bien verd. Servez dessous un jus clair avec une échalotte hachée, ou du blond de veau.

Poulets à le créme au blanc manger.

Faites-les cuire à la broche, le- *Entrée.* vez toute la chair de dessus l'estomac & en composez une farce avec du lard cuit, de la graisse de veau, ou tetine de veau, persil, ciboule, échalottes, sel, poivre, basilic, muscade, une mie de pain mitonnée dans la crême, le tout bien haché & pilé avec quatre jaunes d'œufs. Mettez cette composition sur l'estomac de vos poulets. Garnissez-les jusques sur les cuisses. Frottez-les de lard ou beurre, & les panez de mie de pain très-fine. Mettez des bardes de lard sur une tourtiere & vos poulets dessous dont vous aurez enveloppé le dessus avec du papier bien beurré. Faites leur prendre couleur au four. Servez dessus un blond de veau, ou une sauce à la crême.

Poulets en surprise.

Entrée. Coupez-les en quatre, désossez les quartiers & les faites cuire dans des bardes de lard. Ayez autant de fricandeaux d'anguille que de membres de poulets, que les fricandeaux soient minces, & glacés à l'ordinaire. Mettez chaque morceau d'anguille sur chaque quartier de poulet, mettez une sauce à la carpe dessous.

Achettes de poulets.

Faites-les cuire à la broche, Entrée. coupez-les par morceaux & les mettez dans une casserole avec persil, ciboule, champignons, échalottes, le tout haché, & un pain de beurre. Faites mijoter avec du blond de veau ensuite mettez un peu de sauce au fond du plat avec de la mie de pain. Arrangez vos poulets dessus, & les faites attacher sur un petit fourneau. Jettez le reste de la sauce dessus avec un peu de chapelure de pain, & jus de citron.

On fait des Achettes de toutes sortes de viandes blanches & autres.

Autres poulets au boudin blanc.

Désossez deux poulets entière- Entrée. ment par le dos. Mettez dedans un appareil de boudin blanc, composé de blancs de poularde hachés, de la mie d'un pain cuit dans la crême, de la panne coupée en dez, de quatre jaunes d'œufs cruds. Assaisonnez de sel, poivre, muscade, un peu d'épices fines, quelques oignons cuits dans la cendre & bien hachés. Remuez bien le tout. Emplissez vos poulets & les formez comme des boudins. Faites-les cuire dans des bardes de lard sans les mouiller. Etant cuits vous les servez avec telle sauce que vous voudrez.

Une autre fois vous pouvez les laisser refroidir dans leur cuisson & les faire griller comme des boudins.

Poulets à la Gouteau.

Entrée. Ayez deux ou trois poulets bien épluchés. Otez le brichet de l'estomac. Vuidez-les proprement & les troussez comme pour mettre au pot. Faites-les refaire, & les piquez de menu lard sur les côtés,

& le milieu de l'eſtomac, de perſil bien verd. Faites-les cuire à la broche & les arroſez avec du ſaindoux bien chaud. Quand ils ſont cuits vous les tirez de la broche & les fendez par le milieu de l'eſtomac. Vous faites entrer dans leur corps un ragoût de concombres coupées en petits dez, & vous les ſervez avec du jus clair.

Poulets au Sultan.

Ayez deux belles noix de veau. Entrée. Piquez-les, faites un trou par un bout aſſez grand pour y faire entrer un poulet aux œufs que vous éplucherez & trouſſerez en dedans. Mettez-y un peu de farce, faites-les entrer dans le fricandeau, & le faites cuire à l'ordinaire, & le glacez. Servez deſſous telle légume ou ſauce que vous jugerez à propos.

Poulets en caneſſons.

Faites blanchir, accommodez, Entrée. épluchez & les coupez par le dos en travers, comme si vous leviez la culotte d'un pigeon. Le poulet séparé ne doit faire que deux morceaux. Etouffez le tout à l'ordinaire avec un peu d'huile. Faites cuire & glacez avec le fond de la cuisson, & mettez dessous telle sauce que vous voudrez.

Poulets à la Carthagene.

Entrée. Défossez des poulets gras, emplissez-les de foyes gras, truffes, petits oignons cuits, gros anchois, sel & poivre. Rebouchez-les bien, & les faites refaire dans l'huile, & citron. Etouffez-les dans double papier, mettez sur des cendres chaudes avec quelques bardes de lard dans le fond de la terrine. Servez avec une sauce aux truffes.

Poulets sans fard.

Entrée. Ayez deux poulets gras bien épluchés. Laissez les aîles, le col, la tête & les pattes. Mettez dans le corps trois foyes gras. Assaisonnez seulement de sel & poivre. Faites cuire aux trois quarts vos poulets dans le derriere de la marmite. Dressez-les sur le plat que vous devez servir, & les membres chacun à leur place. Garnissez-les dans les aîles de grosses crêtes bien cuites. Mettez dans le plat un peu de bon consommé & de chapelure de pain. Couvrez bien le plat sur des cendres chaudes, & un peu d'échalottes hachées & poivre concassé. Quand on sert ces poulets, il faut servir quelque sauce dans des saucieres.

Poulets à la Flamande.

Prenez un ou deux poulets gras, Entrée. épluchez & vuidez, troussez les pattes en dedans, cassez l'estomac, fendez-les par le dos, faites-y entrer une farce comme celle qui suit. Mettez dans une casserole un demi-septier de crême avec de la mie de pain, faites-la bien mitonner, ensuite vous y mettez un bon morceau d'excellent beurre, du sel, du poivre, de la muscade, du persil haché, du basilic, six jaunes d'œufs durs, hachés bien menu, deux jaunes d'œufs cruds, le tout bien manié & de bon goût. Emplissez vos poulets, passez une brochette dans les cuisses, faites-les cuire dans des bardes de lard, assaisonnez légerement : il faut qu'ils cuisent doucement & long-tems, qu'ils soient bien blancs & pas trop cuits pour les servir. Faites une sauce avec un bon morceau de beurre, un peu de farine, sel, poivre, muscade, un peu de vinaigre, une pincée de capres hachées & quelques anchois. Que la sauce soit un peu liée, servez chaud.

Poulets au beurre-verd.

Entrée. Prenez un ou deux poulets gras, ou autre. Accommodez-les, & mettez dans le corps un petit morceau de beurre manié dans les petites herbes, ou une petite farce de foye ou autre, faites-les cuire à la broche bien blancs. Faites du beurre verd de la façon qui suit.

Vous faites blanchir une poignée de poirée. Otez-en les côtons. Joignez-y une pincée de persil. Quand le tout est blanchi, mettez à l'eau fraîche, ensuite hachez & pilez. Faites fondre une demi-livre de beurre frais battu. Mettez-y votre verd. Faites un peu mitonner, passez à l'étamine à force de bras, & laissez refroidir. Ayez deux verres de réduction bien moëlleux & de bon goût. Avant que de servir mettez-y de votre beurre la quantité que vous jugerez à propos. Dressez vos poulets, & mettez la sauce dessus ou dessous sans aucun acide.

On peut mettre toutes sortes de

volailles blanches à cette sauce.

On peut même mettre de ce beurre entre la peau & la chair.

Poulets au fumet.

Entrée. Prenez des petits poulets dont vous ôtez le brichet & les os de l'estomac. Prenez garde de déchirer la peau. Ayez des lapreaux de bon fumet, prenez-en les filets, coupez-les bien minces & les mettez dans une casserole avec de l'huile, sel, poivre, persil, ciboule, échalottes, un peu de champignons & une truffe, le tout bien haché. Faites mariner deux heures; mettez-y ensuite deux jaunes d'œufs, maniez bien le tout ensemble. Empliffez vos poulets de cet appareil. Faites-les cuire à la broche & les enveloppez pour qu'ils soient bien blancs. Faites une sauce à l'escalope, à l'Italienne, dans laquelle vous mettez les ventres de vos lapins. Dreffez vos poulets, & mettez la sauce dessus bien légere & de bon goût.

Poulets à l'Esculape.

Prenez deux ou trois poulets aux œufs, épluchés, flambés & troussés comme une poule à mettre dans le pot. Bardez-les d'une légere barde de lard dessus, ensuite des tranches de jambon nouveau, bien minces & bien battues, puis des bardes de rouelle de veau bien minces, le tout bien ficelé. On peut mettre dans le corps des poulets, un peu de farce à la moëlle. Faites entrer vos poulets dans un bain-marie d'étain, avec un peu de sel, poivre, & basilic en poudre. Recouvrez-bien, & mettez votre pot dans une grande marmite avec de l'eau. Faites bouillir pendant quatre heures. Retirez ensuite vos poulets, vous les débardez, & servez avec le veau, le jambon, & la sauce qu'ils ont rendu après avoir dégraissé.

Entrée.

On peut accommoder de même des poulardes nouvelles & toute autre viande tendre, & on la servira comme on jugera à propos.

Filets de poulets en caisson.

Prenez des poulets gras, ôtez la peau de l'eſtomac. Gardez les cuiſſes qui vous ſerviront à autre choſe. Levez les blancs de vos poulets. Emincez-les bien, & les marinez avec de l'huile, & toutes ſortes de petites herbes hachées, ſel, poivre, baſilic en poudre. Formez de petites caiſſes de papier pour mettre vos filets dedans. Faites-les cuire entre deux plats ſur des cendres chaudes. Dégraiſſez-les, humectez d'un peu de ſauce blonde ou autre qui ſoit de bon goût, & jus de citron.

Hors-d'œuvre.

Cuiſſes de poulets.

Les cuiſſes de poulets ſe mettent à la poële comme les cuiſſes de poularde.

Hors-d'œuvre.

On peut les faire cuire dans des bardes de lard, enforte qu'elles foient blanches & pas trop cuites. Vous y mettrez telle fauce que vous voudrez.

Poulets au fafran.

Vous les faites cuire à la broche à l'ordinaire, avec une petite farce dans le corps, & un foupçon de fafran dedans, ou bien vous les coupez par membres bien proprement, & vous les faites cuire dans des bardes de lard, & vous les fervez avec une fauce au fafran. (Voyez aux crêtes au fafran.) On peut y mettre des aîlerons de dindon, poularde & autre.

Obfervation fur la volaille.

La poule veut être employée fraîche, quand elle ne fert que pour le corps du bouillon. Mais fi on la veut manger, il faut la laiffer un peu mortifier.

Il en eft de même du coq.

La poularde nouvelle qui vient

au mois d'Avril, Mai & Juin, est excellente. On la connoît par la blancheur de sa peau, & la finesse de sa viande. Les pattes en sont unies, blanchâtres & d'un petit gris. Elle a ordinairement quelques petits tuyaux de plume comme si elle étoit mal plumée.

Les poulets de grain, aux œufs, à la Reine, viennent dans le printems, des environs de Paris, & les Rôtisseurs les apprêtent.

Dans l'Eté nous avons les mêmes poulets, & les poulets gras qui viennent de Normandie, les dindonneaux des environs de Paris & engraissés à Paris.

Dans l'Automne, on mange les poulets & les poulardes de Normandie, du Mans, celles de Mezeray en Anjou, qui sont fort fines & délicates, les chapons du Mans, de Blansac, de Bruges & autres, les grosses poulardes de Caux, les Coqs vierges, aussi de

Caux, qui doivent être mortifiés, les dindons du Gatinois, du Maine, de Laval, du Berry & autres lieux. Les coqs dindons jeunes, se connoissent à la chair blanche & fine, & aux pattes grises ou un peu brunes.

Sur l'arriere saison, la volaille devient vieille, ce qui se connoît au derriere, où l'on voit quand elle a pondu, & à la chair qui devient bize ou rougeâtre, & par conséquent féche & coriace.

Il vaut mieux employer de petits poulets que des gros.

CHAPITRE VII.

Des Pigeons en général.

Compote de pigeons.

PRenez des pigeons de voliere que vous tuez, & jettez dans

Entrée.

l'eau un peu tiéde tous saignans. Battez leur l'eſtomac, ôtez la poche & les mettez dans l'eau plus que tiéde ſur le feu, dans un vaiſſeau qui ſoit propre, & les remuez juſqu'à ce qu'ils commencent à ſe dépouiller. Pour lors vous les ôtez & les échaudez tout de ſuite. Vous les vuidez, & les trouſſez, en leur faiſant entrer les deux pattes dans le corps, & les faites tenir avec une petite brochette miſe en travers dans le bas des cuiſſes. Cela fait prendre la forme à votre pigeon. Enſuite vous les faites blanchir à l'eau bouillante, & les mettez à l'eau fraîche.

Vous paſſez des champignons dans une caſſerole avec un bouquet, ſingez avec un peu de farine, & mouillez avec du bouillon, du jus ou de l'eau. Mettez vos pigeons avec, & les faites cuire à petit feu. Aſſaiſonnez de ſel &

poivre. En finissant, une liaison de jaunes d'œufs délayés avec du bouillon. Mettez-y telle garniture que vous voudrez, comme truffes, foyes gras, ris d'agneau, ris de veau, amourettes, rognons de coq, crêtes, pointes d'asperges, petits œufs & grapes, culs d'artichaux & autres; le tout approprié & blanchi auparavant.

Si vous la voulez au roux, liez-la avec du blond de veau, vous pouvez faire cuire vos pigeons à part dans des bardes de lard, & vous jettez votre ragoût dessus.

Fricassées de pigeons.

Coupez les membres de vos pigeons, s'ils sont gros, sinon vous les couperez en quatre ou en deux. Faites-les échauder & blanchir. Passez-les avec du beurre ou lard fondu. Singez & mouillez avec de l'eau & du jus. Assaisonnez légerement, parce que le pigeon porte son sel. Vous pouvez y met-

Entrée.

tre un verre de vin de Champagne.

Si vous la voulez au roux, liez-la avec du blond de veau. Si vous la voulez au blanc, mouillez-la avec de l'eau ou bouillon, & la liez avec des jaunes d'œufs. Vous pouvez y mettre telle garniture que vous voudrez. En finissant, jus de citron.

Fricassée de pigeons au petit lard à la Bourgeoise.

Entrée. Passez vos pigeons comme ci-devant, avec un bon bouquet; mettez-y du petit lard cuit au trois quarts, & coupé par morceaux, mouillez de jus & d'eau. Faites une liaison de trois jaunes d'œufs, & un peu de muscade.

Fricassée de pigeons au sang.

Entrée. Gardez le sang de vos pigeons & y mettez un peu de citron pour l'empêcher de caillebotter. Passez vos pigeons comme ci-devant, & les mouillez avec du vin de Champagne & jus de veau. Garnissez-les si vous voulez ; en finissant, un peu de blond de veau, & une liaison de deux jaunes d'œufs faite avec le sang. Vous pouvez y mettre quelques oignons bien cuits à la cendre.

Pigeons au gratin.

Prenez des petits pigeons, plumez-les & les appropriez comme pour la broche. Mettez dans leur corps une petite farce. Fendez-les par le dos pour faire entrer la farce. Gardez-en un peu que vous mettrez dans le fond du plat avec du blond de veau pour former le gratin. Arrangez vos pigeons de maniere qu'ils ayent le dos sur le gratin. Couvrez-les de bardes de veau & jambon. Vous les étouffez bien afin que l'air n'en sorte point. Faites-les cuire sur des cendres chaudes, feu dessus & fort peu dessous. Dégraissez, ôtez les bardes de veau & jambon. Mettez dessus un blond de veau.

Vous pouvez faire cuire vos pigeons auparavant dans des bardes de lard, & les mettre sur un petit gratin de foyes gras un peu avant que de les servir.

Pigeons à la poële.

Entrée. Prenez des petits pigeons bien égaux, plumés, flambés, épluchés & appropriés. Fendez-les par le dos. Foncez une casserole de quelques bardes de lard. Faites revenir vos pigeons dans du lard fondu, pour leur faire prendre la forme. Ensuite vous les mettez dans votre casserole, le ventre sur les bardes de lard.

Mettez dans une autre casserole un quarteron de veau blanchi en dez, une tranche de jambon aussi blanchie, persil, ciboule, échalottes, deux pains de beurre, un peu de sel & poivre, deux ou trois champignons hachés. Quand le tout est fondu, vous le jettez sur vos pigeons. Couvrez avec une feuille de papier, & bouchez bien la casserole. Faites suer sur des cendres chaudes. Etant cuits, vous ôtez les pigeons, les bardes de lard & de veau. Dégraissez la sauce & jettez-la sur vos pigeons avec jus de citron.

Pigeons à la Duxelle.

Ils s'accommodent de même en mettant de plus une trufe dans le corps de chaque pigeon, & vous allongez la cuisson d'un peu de blond de veau. Entrée.

Vous pouvez faire cuire vos pigeons dans des bardes de lard, & faire la sauce à la poële à part.

Pigeons à l'Italienne.

Prenez des petits pigeons bien égaux, vuidés, appropriés, refaits bien blancs sur la braise, brochetés & ficelés. Arrangez-les dans une casserole foncée de bardes de lard, assaisonnez de sel, & fines herbes. Faites une petite Entrée.

sauce à l'Italienne. Hachez des champignons en petits dez, & de l'échalotte, un bouquet, un pain de beurre. Passez le tout, singez un peu, & mouillez avec un peu de consommé, du vin de Champagne, un peu d'huile, deux gousses d'ail piquées de clous, un peu de blond de veau; le tout bien mitonné & dégraissé. Jettez sur vos pigeons & servez.

Pigeons aux fines herbes.

Entrée. Ayez des petits pigeons, échaudés & troussés à l'ordinaire, fendez-les par le dos. Otez les foyes que vous faites blanchir, & hachez bien menus avec persil, ciboule, échalottes, champignons, le tout bien haché avec deux pains de beurre, un peu de lard fondu, sel, poivre, muscade & basilic en poudre. Faites mariner vos pigeons pendant deux heures, faites-les cuire dans le plat bien couvert avec tout leur assaisonnement. Il faut peu de tems pour les cuire. Faites-les égoutter. Jettez dans vos fines herbes un peu de blond de veau. Faites bouillir, dégraissez, dressez vos pigeons & jettez dessus la sauce.

Pigeons en surprise.

Ayez autant de laitues que de pigeons. Faites blanchir vos laitues, échaudez & troussez les pigeons, qui doivent être petits. Mettez dans chaque laitue un pigeon avec de la farce. Enveloppez le tout, & faites cuire dans une petite braise bien foncée, assaisonnée légerement, & bien étouffée sur des cendres chaudes. Etant cuits, faites-les égoutter & les ressuyez bien dans un linge blanc. Servez dessus un blond de veau. Entrée.

Pigeons en tortue.

Ayez des concombres courts & gros, épluchez-les & les vui- Entrée.

dez. Parez-les, faites-les blanchir un instant. Ayez autant de pigeons que de concombres. Prenez-les fort petits, échaudez-les. Laissez le col, la tête, les aîles & les pattes, dont vous éplucherez seulement le bout, & couperez le bec. Ayez autant de morceaux de rouelle de veau que de concombres. Faites-les mariner dans de fines herbes. Ensuite vous faites quatre trous aux concombres & vous mettez les pigeons dedans avec un peu de farce. Il faut que la tête sorte d'environ un pouce, ainsi que les aîles & les pattes qui doivent sortir de chaque côté par les trous que vous avez fait. Posez vos concombres sur chaque fricandeau qui soit de la même longueur & largeur que le dessous d'une tortue. Faites-les cuire sur des bardes de lard au fond d'une casserole. Assaisonnez à l'ordinaire, recouvrez avec bardes de lard

& de veau. Mouillez moitié jus & moitié bouillon. Faites-les cuire à petit feu. Etant cuit, vous les egouttez & ressuyez, parce que le concombre rend toujours de l'eau. Mettez dessus une sauce à l'Espagnole bien consistante.

Cela ressemble beaucoup à une tortue.

Pigeons aux tortues.

Ayez des petits pigeons échaudés. Entrées Passez-les avec toutes les garnitures comme pour la compote de pigeons ordinaire, & la mouillez de même avec du vin & du jus. Prenez deux tortues, coupez-leur la tête & les pattes: faites-les cuire avec de l'eau & du sel, quelques oignons, clous, basilic, une barde de lard. Etant cuites & refroidies, levez les coquilles & prenez garde de rompre celles de dessus. Levez tous les membres comme à un poulet, & les épluchez bien. Prenez garde de créver l'amer. Tout en est bon, les œufs & les boyaux. Mettez tout dans vos pigeons avec un peu de sauce à la carpe, ou sauce à l'Espagnole, servez chaud. Jus de citron.

On peut faire une sauce exprès avec du veau, du jambon, une ou deux perdrix d'excellent fumet que vous faites suer, & finissez comme une liaison de veau. Mettez-y du vin de Champagne, finissez de bon goût, & le mettez dans vos pigeons aux tortues.

Pigeons dans des oignons.

Entrée. Ils s'accommodent de même que les pigeons dans des laitues, ainsi que des pigeons dans des navets & des artichaux.

Pigeons à la crapaudine.

Hors-d'œuvre. Ayez de bons pigeons aux aîles bien moelleux, plumés à sec, vuidés & refaits sur la braise. Coupez-les en deux par les reins sans les séparer. Passez-les dans du lard fondu ou beurre, fel, poivre & fines herbes. Panez-les & les faites griller. Servez dessus telle sauce que vous voudrez.

On peut les couper par le ventre en relevant l'estomac sur la tête, & repassant la tête par dedans le brichet. Cela forme le crapaud.

Pigeons joyeux.

Ayez des pigeons aux aîles qui soient gros, plumés, flambés, épluchés & vuidés par le côté du col. Désossez le brichet & l'estomac sans déchirer la peau. Remplissez-les d'un salpicon de ris de veau, foyes gras, truffes, persil, ciboule, lard rapé, sel, poivre, basilic & d'un jaune d'œuf. Faites-les revenir dans du beurre. Piquez-les de menu lard, deux rangées de chaque côté. Que l'estomac se trouve à découvert. Piquez après de feuilles de persil, & les faites cuire à la broche.

Hors-d'œuvre.

Etant cuits, vous y faites tel agrément & accompagnement joyeux que vous voulez. Servez dessous une sauce à l'Espagnole.

Pigeons à l'abri.

Entrée. Ayez des pigeons comme ci-devant, & désossez de même. Remplissez-les de farce bonne & bien faite. Piquez-les de persil, par tout, en sorte qu'on ne voye pas le pigeon, & qu'il soit à l'abri. Attachez-les sur des brochettes à la broche, & n'arrosez le persil que quand il est sec, avec de l'huile ou du sain-doux bien nouveau. Quand ils sont cuits, servez dessous une sauce à l'échalotte.

Compôte de pigeons aux pois.

Entrée. Echaudez six petits pigeons, troussez-les à l'ordinaire. Faites-les cuire dans des bardes de lard, ou les passez avec des pois, un bouquet, un peu de lard fondu, quelques champignons. Singez un peu & mouillez avec du jus de veau, de l'eau ou du bouillon. Laiſſez mijoter, & liez avec une liaiſon de veau. Servez les pigeons & les pois deſſus. Courte ſauce.

On peut faire cette compôte au blanc, en la mouillant de bouillon, & ſur la fin vous y mettez une liaiſon de trois jaunes d'œufs avec de la crême. Goûtez & ſervez comme ci-deſſus.

Pigeons aux pointes d'aſperges en petits pois.

Accommodez-les comme ci- Entrée. devant, & les faites cuire dans des bardes de lard. Ayez de petites aſperges, ou ſi elles ſont groſſes, vous les fendez en deux ou trois & les coupez en petits pois, ne mettez que le tendre. Lavez-les & les faites blanchir, enſorte qu'elles ſoient preſque cuites. Faites-les égoutter & les paſſez dans une caſſerole avec un bouquêt. Mettez dedans deux clous, & de la sarriette, deux pains de beurre. Singez un peu & mouillez avec de bon bouillon. Faites une liaison de jaunes d'œufs. Jettez sur vos pigeons & servez.

Autres pigeons aux pointes d'asperges.

Entrée. Accommodez pour la broche de moyens pigeons. Mettez une farce de leurs foyes dans le corps. Etant cuits vous y mettez un ragoût de pointes d'asperges. (Voyez aux légumes.)

Pigeons en grenadin.

Entrée. Prenez deux ou trois pigeons Cochois bien épluchés. Otez l'os du brichet & l'estomac. Mettez dedans une farce fine de volaille. Il faut les trousser en poule, les bien piquer de l'ard, & les faire cuire comme un fricandeau, qui soit bien glacé. Servez dessous telle sauce ou légume que vous jugerez à propos. Observez que tout ce qui eſt glacé demande beaucoup d'attention.

Pigeons au fenouil.

Accommodez-les comme les pigeons à la poële, & y mettez deux branches de fenouil. Faites-les cuire de même. Il n'y faut point de citron. Entrée.

Autres pigeons au fenouil.

Accommodez pour la broche de moyens pigeons. Faites une petite farce de leurs foyes, & la mettez dans le corps avec un peu de fenouil haché. Etant cuits & blancs, mettez dans une cafferole un peu de blond de veau, un pain de beurre, de petits cœurs de fenouil, que vous aurez fait blanchir auparavant. Faites bouillir un bouillon, dégraiſſez s'il eſt eſt beſoin, & ſervez chaud ſur vos pigeons. Entrée.

Cette ſauce doit avoir un peu de conſiſtance.

Pigeons au Soleil.

Entrée ou Hors-d'œuvre.

Ayez de petits pigeons échaudés, un peu au-dessus des pigeons à la cueillere, laissez-leur la tête, le col, les aîles & les pattes. Mettez par le dos une petite farce fine & légere. Passez une petite brochette le long du col jusques dans la tête, & une aux cuisses en travers. Foncez une casserole de bardes de lard. Arrangez-y vos pigeons à leur aise. Assaisonnez de sel, poivre, & un peu de basilic. Recouvrez de bardes de lard & quelques légeres bardes de veau. Faites étouffer le tout sur des cendres chaudes. Il ne les faut point mouiller, car tous les petits pigeons ne sont que des éponges, & il faut peu de tems pour les cuire. Ensuite étant cuits vous les égouttez, & faites une pâte avec de la farine, un peu de sel, un œuf ou deux selon la quantité de pâte. Délayez peu à peu, avec de la bierre ou du vin blanc. Mettez-y deux cueillerées de saindoux nouvellement fondu, ou la même quantité d'huile. Faites enforte qu'elle ne foit ni trop claire ni trop épaiffe. Trempez vos pigeons avec une fourchette, & les faites frire bien blonds. Servez avec du perfil frit.

Pigeons à la Lune.

Accommodez fix pigeons; trouffez-les en dedans. Fendez l'eftomac & y mettez une petite brochette pour le faire tenir. Faites cuire à demi vos pigeons dans une braife. Faites-les égoutter. Ayez de la farce générale bien liée. Mettez-en un peu au fond du plat, arrangez vos pigeons, & les garniffez de farce tout autour jufqu'aux cuiffes, qu'il n'y ait que l'eftomac qui foit découvert, dans lequel vous mettez un petit falpicon cuit, de foyes, de truffes, de ris de veau, le tout

Entrée.

bien lié, & fini avec du blond de veau. Mettez sur chaque pigeon, pour couvrir l'estomac, un morceau de feuilletage découpé en cœur. Faites un cordon de farce autour du plat. Achevez de faire cuire au four. Quand ils sont cuits, dégraissez, mettez dans les entre-deux un salpicon de ris de veau, culs d'artichaux & autres, que vous passez & mouillez avec du bouillon. Finissez avec une liaison d'œufs, crême, muscade & de jus de citron.

Observez que cette façon d'accommoder les pigeons n'est plus gueres en usage.

Pigeons aux écrevisses.

Entrée. Prenez six petits pigeons, échaudés & troussés comme pour compotte. Passez-les de même avec de grosses crêtes, champignons, ris de veau ou d'agneau, lard fondu, & autres garnitures. Singez & mouillez avec moitié jus de veau, & vin de Champagne, & un bouquet. Laissez cuire doucement, dégraissez & finissez avec du coulis d'écrévisses bien fait, & quelques queues, & des œufs d'écrévisses, si vous en avez.

Pigeons dans des écrévisses.

Prenez six belles écrévisses de bonne eau. Otez les petites pattes, laissez les grosses. Levez la coquille & les nettoyez bien. Mettez-y un petit pigeon à la cuillere, bien troussé & cuit dans des bardes de lard. Garnissez-le d'un peu de farce fine. Soudez bien le tout. Faites cuire vos écrévisses dans une sauce, comme la sauce à la poële, pour leur faire prendre goût, ou dans une petite braise. Vos écrévisses étant cuites, épluchez la queue & les dressez dans le plat. Mettez dans la sauce un peu de quinte-essence ou blond de veau. Faites bouillir, dégraisfez. Jettez-la fur vos écrévifles ; avec jus de citron.

Si vos écrévifles font moyennes, & que vos pigeons ne puiffent pas entrer dedans, vous les faites cuire comme ci-devant. Vous les fervez à côté l'un de l'autre, & la même fauce deffus.

Pigeons aux écrévifles à la crême.

Entrée. Prenez de petits pigeons, trouffez-les à l'ordinaire, & les faites cuire dans des bardes de lard.

Paffez des champignons avec deux pains de beurre, des blancs de ciboule hachés, un oignon piqué d'un clou. Singez & mouillez avec du bouillon. Affaifonnez de fel, poivre. Quand la fauce eft réduite, jettez dedans un quarteron de petites écrévifles bien épluchées. Faites une liaifon de jaunes d'œufs avec de la crême, un peu de perfil haché bien menu, un peu de mufcade.
Jettez

Jettez ce ragoût fur vos pigeons, & fervez chaud.

Pigeons à l'écarlate.

Prenez des pigeons aux aîles, & les accommodez comme les poulets. Entrée.

Pigeons en coquille.

Prenez fix coquilles d'argent ou autres. Faites-y un petit bord de feuilletage ou d'autre pâte. Faites les cuire & prendre couleur au four. Prenez de petits pigeons bien échaudés & trouffés à l'ordinaire, cuits dans des bardes de lard ; affaifonnez de fel, poivre, bafilic & clous de girofle. Vous pafferez plufieurs falpicons de différentes couleurs, un au blanc, l'autre au roux ou blond, & un autre au rouge avec un coulis d'écreviffes. Vous finirez le blanc avec de la crême, le roux avec du blond de veau, & le rouge avec du coulis d'écreviffes. Mettez un pigeon à chaque co- Entrée.

Tome II. K

quille, & les garnissez de ces salpicons différens, le tout bien fini & de bon goût. Mettez du citron où il en faut.

Pigeons en surtout dans des coquilles.

Ce sont des pigeons qui ont servi à quelque autre entrée.

Vous les coupez par morceaux ou en filets, passez un ragoût de champignons, truffes, foyes & autres. Mouillez avec du jus, & finissez avec du blond de veau. Jettez-y vos pigeons. Mettez dans vos coquilles, ensorte qu'elles ne soient pas trop pleines. Bordez vos coquilles avec un peu de farce bien liée. Vous aurez autant de petits fricandeaux de veau, bien piqués & glacés, & de la même forme, si cela se peut, dont vous couvrirez vos coquilles. Servez chaudement.

Pigeons en surtout à la Sainte-Menehoult.

Acccommodez-les, & les met-

tez dans des coquilles comme ci- *Entrée.*
devant. Vous les recouvrez avec
de la farce, & les dorez avec une
Sainte-Menehoult. Vous les panez de mie de pain très-fine, &
leur faites prendre couleur au
four.

Pigeons au pere-douillet.

Epluchez & trouffez comme *Entrée.*
pour le pot, de bons gros pigeons
mortifiés. Lardez-les de moyen
lard, affaifonné de fel, poivre,
bafilic, mufcade, un peu d'ail.
Enfuite vous les empotez avec
des bardes de lard, bardes de
veau, carottes, panais, oignons,
bafilic, laurier, tranches de
citron. Faites fuer, & mouillez
avec de bon bouillon & vin blanc.
Faites cuire à petit feu. Etant
cuits vous les tirez & les fervez
avec de la fauce.

On peut les fervir froids avec
de la fauce qui fe trouve en gelée.

On peut aussi les servir comme pigeons à la braise, avec plusieurs sauces différentes, ragoûts ou légumes.

Pigeons à la Sainte-Menehoult.

Entrée. Accommodez proprement de gros pigeons Cochois ou autres; troussez-les comme pour le pot. Faites-les cuire dans une Sainte-Menehoult. Etant froids vous les panez avec de la mie de pain. Il faut les tremper auparavant dans une sainte Menehoult comme les poulets ou poulardes. Faites griller, & servez avec une rémoulade.

On peut les faire frire les trempant dans une omelette, & les paner.

Marinade de pigeons au citron.

Entrée. Accommodez de moyens pigeons, & les coupez en deux. Faites-les mariner avec le jus de trois ou quatre citrons, du poivre, sel, clou, basilic, quelques oignons, & un peu de bouillon. Ressuyez-les, & les trempez dans un peu de blanc d'œuf fouetté. Farinez, faites frire à propos, & servez avec du persil frit.

Pigeons en beignets.

Accommodez une demi-douzaine de petits pigeons, troussez-les en dedans, coupez les aîles & le col. Coupez-les en deux, afin qu'ils ressemblent mieux aux beignets. Faites-les cuire dans des bardes de lard assaisonnées à l'ordinaire. Faites-les égoutter, & les laissez refroidir. Ensuite vous mettez du côté du ventre une bonne farce. Soudez-la bien. Ensuite vous les trempez dans une pâte à bierre ou vin. Faites-les frire bien blonds, & les servez sur une serviette avec du persil frit. *Entrée*

Pigeons en basilic.

Accommodez de petits pigeons, *Entrée*

troussez-les à l'ordinaire, & y mettez-une petite farce. Faites-les cuire dans une braise, & les trempez dans des œufs battus. Panez, faites frire & servez avec du persil frit.

Salmis de pigeons.

Entrée. Faites cuire de gros pigeons. Etant à demi-froids, levez les membres proprement & les mettez dans une casserole. Faites suer un morceau de veau avec quelques zestes de jambon, carottes, panais, une vieille perdrix à fumet. Laissez attacher doucement, & mouillez avec du vin de Champagne, du blond de veau, un peu de jus. Mettez-y un bouquet, deux gousses d'ail. Faites cuire & mijoter, ensuite réduire à la quantité de sauce qu'il faut pour le salmis. Passez-la sur vos pigeons. Quand vous les voulez servir, faites-les chauffer doucement, ensorte qu'ils ne bouillent pas.

On fait le salmis aux truffes, aux mousserons, aux morilles, & aux fines herbes, avec un peu d'huile, du bouillon, du sel, du poivre, persil, ciboule hachée & jus de citron : courte sauce.

Matelote de pigeons.

Troussez de moyens pigeons Entrée. en poule, lardez-les d'anchois. Passez une douzaine & demie de petits oignons blancs dans de l'huile. Mettez-les avec vos pigeons dans une casserole, un bouquet de deux gousses d'ail, deux clous, un peu de fenouil, une pincée de persil. Mouillez avec du bouillon & vin de Champagne. Laissez cuire à petit feu. Joignez-y une douzaine de petites saucisses longues comme le petit doigt. Faites-les bien blanchir auparavant, dégraissez & servez : jus de citron.

On peut la faire de même au roux.

Pigeons en timbale.

Entrée. Echaudez de petits pigeons & les trouſſez comme pour une compôte. Paſſez-les de même avec telle garniture que vous jugerez à propos. Etant froids, faites une pâte ſeche avec un peu d'huile, du ſain-doux, des jaunes d'œufs, un peu de ſel, de l'eau, de la farine. Que la pâte ſoit un peu ferme. Formez-en autant d'abbaiſſes que de timbales. Garniſſez-les de pâte en dedans le plus proprement que vous pourrez. Mettez enſuite un pigeon & du ragoût, recouvrez avec une abbaiſſe de la même pâte. Soudez-la bien & pincez tout autour comme une tourte. Faites cuire au four. Etant cuits renverſez vos timbales, & verſez tout chauds avec un peu de blond de veau, que vous y faites entrer, ſi vous voulez.

Surtout de pigeons.

Entrée. Formez une compôte de pigeons au roux bien garnie. Etant froide, vous la mettez sur le plat, que vous voulez servir, avec de la farce générale au fond du plat & un bord autour. Recouvrez le tout avec de la même farce Unissez le tout. Panez avec de la mie de pain très-fine. Faites prendre couleur au four. Dégraissez & servez chaud.

Pigeons au beurre.

Accommodez trois pigeons pour la broche, & les faites cuire à propos. Mettez dans une casserole, deux pains de beurre manié avec un peu de farine, quatre tranches de citron, du poivre concassé, du sel, un peu de muscade. Tournez la sauce pour lui donner de la consistance. Otez le citron, & servez sur vos pigeons. Entrée.

Grenadans aux choux-fleurs.

Piquez de petits pigeons de menu lard, une petite farce dans le corps. Faites-les cuire & glacez Entrée.

comme un fricandeau. Ayez des choux-fleurs épluchés & blanchis. Faites les cuire dans de bon bouillon, & les laissez égoutter long-tems. Arrangez vos pigeons & des choux-fleurs entre deux. Masquez les choux-fleurs avec du blond de veau bien fini, & un peu consistant.

Vous faites la même chose avec des laitues farcies, & des concombres farcis.

Pigeons en crépinettes.

Entrée ou Hors d'œuvre. Echaudez de petits pigeons & les troussez à l'ordinaire, fendez-les par le dos. Mettez dans le corps un petit salpicon crû. Faites cuire vos pigeons dans des bardes de lard. Etant cuits laissez-les refroidir. Faites une farce fine avec de la graisse de veau, lard blanchi, quelques blancs de volailles ou veau blanchi. Assaisonnez à l'ordinaire, avec un peu de mie de pain trempée dans la crême, liée de quatre jaunes d'œufs, quelques oignons cuits à la cendre, un peu de coriandre pilée, le tout bien haché & pilé, avec perfil, ciboule. Ayez autant de morceaux de crépine de porc bien frais, coupés de la grandeur qu'il faut pour vos pigeons. Applatiffez un peu vos pigeons, & les enveloppez de farce, enfuite de crépines. Panez, faites griller ou cuire au four. Servez deffous du blond de veau.

Pigeons en crépine.

Accommodez & coupez de pe- Entrée, tits pigeons. Faites-les cuire dans une petite braife. Paffez à petit feu des oignons coupés en tranches bien minces, avec du lard fondu. Laiffez les refroidir, mettez dedans du lard rapé, du fel, du poivre, un peu d'anis pilé, un ou deux jaunes d'œufs. Prenez autant de morceaux de crépine que de pigeons. Enveloppez votre moitié de pigeon de l'appareil ci-dessus. Mettez-y quelques filets d'anchois bien dessalés. Enveloppez les pigeons, panez & faites prendre couleur au four. Servez dessous du blond de veau.

Pigeons à la civette.

Entrée. Troussez de moyens pigeons en poule. Faites-les cuire aux trois quarts dans le derriere de votre marmite ou dans une braise. Servez dessus un peu de blond de veau, dans lequel vous mettez un pain de beurre manié, & de la civette hachée bien menu. Il ne faut pas que cette sauce bouille.

Pigeons à la mariniere.

Entreé. Troussez-les en poule, & les applatissez. Faites-les cuire dans deux verres d'huile, du bouillon, deux gousses d'ail piquées de clous, deux feuilles de laurier & du sel. Faites cuire le tout sur des cendres chaudes. Laissez égoutter & servez dessus une sauce de la façon qui fuit. Maniez un pain de beurre dans un peu de farine, & le mettez dans une casserole, avec une pincée de capres hachées & autant d'échalottes, du sel, du poivre concassé, & un peu de muscade. Délayez avec de bon consommé, un peu de blond de veau. Tournez sur le feu ; en finissant jus de citron.

On peut les faire griller.

Pigeons, au beurre de Provence.

Faites-les cuire comme ci-devant.

Pour faire le beurre de Proven- *Entrée.* ce, vous faites cuire aux trois quarts dans de l'eau vingt gousses d'ail ou plus, selon la quantité de beurre que vous voulez faire. Étant cuites vous les laissez refroidir, égoutter, & les mettez dans un mortier avec du sel, du poivre une poignée de capres hachées, une douzaine d'anchois bien lavés, dont vous ôtez les arrêtes. Le tout étant haché & pilé, vous délayez avec de bonne huile, ensorte que cela soit épais. Mettez de ce beurre au fond de votre plat, & servez les pigeons dessus. On peut les faire griller.

Pigeons historiés.

Entrée. Prenez six petits pigeons bien échaudés. Mettez les pattes en-dans. Faites-les cuire dans des bardes de lard & tranches de citron. Couvrez-les & les étouffez pour qu'ils soient bien blancs. Prenez autant de culs d'artichaux bien tournés, blanchis & cuits dans du bouillon, une barde de lard, un peu de moëlle, deux tranches de citron. Faites aussi cuire six truffes à la cendre. Ensuite vous ferez un salpicon avec quelques ris de veau, champignons, crêtes, foyes gras. Passez le tout dans une casserole. Singez & mouillez avec de bon bouillon,

& le finiſſez avec une liaiſon de jaunes d'œufs, perſil haché, crême, muſcade, & jus de citron.

Pour ſervir, vous commencez par mettre au fond du plat un peu de ſalpicon, enſuite vous mettez vos artichaux & les pigeons deſſus, entre deux, une paupiette de veau glacée à la moëlle, enſuite une truffe, puis un pigeon, le tout artiſtement arrangé. Vous maſquez vos pigeons avec le reſte du ſalpicon. Servez chaud.

Pigeons à la Périgord. Entrée.

Accommodez des pigeons aux aîles comme pour mettre à la poële. Lardez-les de truffes, & les faites cuire à l'eſtoufade. Servez-les avec leur ſauce.

Pigéons poulardés. Entrée.

Ayez huit petits pigeons, à la cuilliere frais, levez, vuidez, épluchez, & trouſſez comme pour la broche, il faut couper les pattes: ayez un peu de farce fine à boudins blancs, dans laquelle vous les mettez après en avoir mis un peu dans le corps; vous aurez deux poulets gras ou poulardes fines que vous éplucherez bien, & flambés; vous en prendrez la peau, le reste vous servira pour autre chose. Vous couperez cette peau de la grandeur qu'il faut pour envelopper chaque pigeon, avec un peu de farce; vous les ficelerez par les deux bouts. Vous les ferez cuire à la broche bien enveloppés de crépines ou bardes de lard, ou bien dans une petite poêle extrêmement légere; il faut qu'ils soient blancs: la sauce est arbitraire. On peut mettre celle qu'on jugera à propos.

Pigeons à plusieurs sauces.

Le pigeon se peut mettre à telle sauce que l'on veut.

Entrée. Aux cardes au montant.
A la passe-pierre & cristemarine.
Aux cornichons & petis melons.

Aux morilles, aux mousserons.
Aux truffes, aux artichaux.
Aux navets.
Et aux racines de toutes especes.
Poupeton de pigeons au sang.

Hachez des filets de liévre & de lapin qui ayent bon fumet, avec un morceau de jambon, quelques truffes, persil, ciboule, échalottes, sel, poivre, fines épices, un morceau de graisse de bœuf, quatre jaunes d'œufs; le tout bien haché. Mettez-y un morceau de petit lard en dez que vous maniez avec votre farce. Ensuite vous foncez une poupetonniere ou petite casserole de bardes de lard. Couvrez-les de votre farce de liévre, & y mettez un ragoût de pigeons, crêtes & autres choses selon la saison, que vous aurez lié avec du blond de veau, & le sang de vos pigeons. Laissez refroidir & le mettez dans votre poupeton. Recouvrez de godiveaux de lié-

Entrée, ou Hors-d'œuvre.

vre, & de bardes de lard que vous ramenez par-dessus. Faites-le cuire au four, ou sous un couvercle de tourtiere ou sur des cendres chaudes. Etant cuit, vous le renversez, & faites un trou au milieu de la grandeur d'un petit écu, & y mettez un peu de sauce à l'Espagnole.

Observation sur le pigeon.

Les meilleurs pigeons de voliere viennent de Paris & des environs. Ils veulent être employés sur le champ, & aussi-tôt qu'on les a levés de dessous la mere.

Les Pigeons aux aîles sont au-dessus de ceux de voliere.

Les pigeons Cochois viennent de Picardie. Ils on-besoin d'être mortifiés, ainsi que les gros pigeons aux œufs ou Romains.

Le pigeon bizet a son mérite dans la volée d'Août. On peut l'employer petit, à la cuillere & au-dessus. Quand il est gros, il faut le laisser mortifier un peu.

Pour conserver un pigeon tel qui soit, il faut lui ôter la poche & les boyaux.

CHAPITRE VIII.

Des Canetons, Canards, Oyes & Oysons.

Canetons à la purée.

EChaudez des petits canetons Entrée. comme les pigeons, vuidez-les & les troussez en poule ou en campine. Mettez dans le corps une petite farce de ce que vous voudrez, ou de laitues bien blanchies, coupées en morceaux avec du lard rapé, du persil, de la ciboule, du sel, poivre, & fines herbes. Faites cuire vos canetons dans des bardes de lard, & mouillez avec du bouillon.

Pour la purée vous foncez une casserole de quelques oignons, un morceau de veau, quelques zestes de jambon, zestes de carottes & panais. Faites suer avec un peu de bouillon. Quand cela commence à s'attacher, mouillez avec de bon bouillon, & laissez cuire la viande. Ensuite vous l'ôtez, & mettez dans le bouillon un peu de pain à potage. Vous mettez ensuite les pois verds que vous aurez passés sur le feu, avec du persil concassé, & verd de ciboule haché, avec du bouillon. Délayez, & laissez mijoter avec un peu de sarriette, ensuite vous passez à l'étamine.

Si ce sont des pois secs, il faut les faire cuire auparavant dans du bouillon avec quelques racines & un bouquet. Pour lors vous mettez dans la purée avant que de la passer, un peu d'épinars blanchis, hachés & même pilés.

Quand les canetons sont cuits à la braise, vous les pouvez mettre à tel ragoût que vous voudrez.

Il en est de même du canard que vous plumez à sec, piquez de gros lard, & mettez à la braise plus foncée, parce qu'il est plus charnu que le caneton.

Caneton de Roüen au jus d'orange.

Vuidez une caneton & l'accommodez pour la broche. Mettez dans le corps un petit morceau de beurre manié dans un peu de persil, ciboule, échalottes, sel, poivre, & basilic en poudre, un peu de muscade. Etant cuit aux trois quarts, vous le tirez de la braise, & le dressez sur son plat. Vous le cizelez en long, & jettez dans les cizelures un peu de sel & poivre concassé, d'échalottes hachées bien menues, quelques zestes d'orange & le jus. Faites un peu chauffer la sauce & la jettez par-dessus. Servez bien chaud.

Entrée.

On peut le servir avec du blond de veau, & y jetter un peu d'échalottes. On peut les manger à d'autres sauces, mais voici la meilleure.

Canard au Pere-Douillet.

Entrée. Prenez deux canards que vous épluchez & troussez en-dedans. Lardez-les de gros lard assaisonné à l'ordinaire. Faites-les cuire dans une braise légère, & les mouillez avec du vin de Champagne & du bouillon. Mettez-y quelques tranches de citron & une pincée de coriandre. Etant cuits vous les dégraissez & les servez avec de leur bouillon.

On peut les servir froids, entiers, par moitié ou en quartiers, proprement arrangés, & jetter la sauce par-dessus.

C'est à peu près la même chose, que si vous les mettez à la daube.

Canards à la braise.

Entrée. Piquez de gros lard un ou deux

canards. Mettez-les à la braise bien foncée. Assaisonnez de sel, poivre, basilic, quelques oignons, laurier, clous de girofle. Faites cuire à petit feu votre braise, elle en sera meilleure. Il faut la mouiller un peu. Etant cuits, mettez dessus une sauce hachée, ou la sauce qu'ils ont rendue.

La sauce pour le canard se fait en hachant des champignons, un petit oignon bien menu. Vous le passez avec du lard fondu, vous singez un peu & le mouillez de jus. Vous laissez cuire doucement, & liez la sauce avec du blond de veau. En finissant une pincée de capres, quelques filets d'anchois hachés bien menus & un petit filet de vinaigre.

Canards en Macédoine.

Coupez deux canards en quatre, faites-les cuire dans une braise ou autre assaisonnement. Ensuite vous écalottez des féves de

Entrée.

marais un peu grosses, & les faites blanchir un peu jusqu'à ce qu'elles soient presque cuites, & les laissez égoutter. Ayez quelques culs d'artichaux coupés à peu près comme les féves, & que vous faites blanchir de même. Vous passez ensuite quelques champignons coupés en petits dez très-fins, avec persil, ciboule, échalottes hachées, un pain de beurre. Singez un peu & mouillez avec de la quinte-essence ou bouillon, un verre de vin blanc, deux cueillerées d'huile, sel & poivre, un bouquet, avec deux clous de girofle & un peu de sariette. Quand cela a boulli un peu, mettez-y vos féves & artichaux. Laissez cuire tout doucement, dégraissez un peu, en finissant jus de citron. Servez la Macédoine dessous, & les quartiers du canard dessus.

Canards en grenadin.

Entrée. Désossez deux canards par le dos sans

sans déchirer la peau. Coupez la chair de vos canards en dez, ôtez les nerfs. Coupez aussi d'autre volaille, si vous en avez, ou ris de veau, truffes & autres. Passez le tout sur le feu avec du lard rapé, persil, ciboule, échalotte, sel, poivre, basilic, muscade, deux jaunes d'œufs. Maniez bien le tout ensemble & faites prendre goût. Emplissez vos canards & les coupez de façon que vous leur fassiez prendre la forme d'une boule. Ensuite vous les faites blanchir & les piquez de menu lard. Faites-les cuire comme des fricandeaux, que la glace soit belle. Servez dessous du blond de veau ou autre sauce.

Canard aux navets.

Vous l'accommodez, troussez & piquez de gros lard. Vous le faites cuire dans une braise, & servez dessous un ragoût de navets. ^Entré

Canards à la Bourgeoise aux navets.

Entrée. Accommodez-les comme ci-devant. Vous avez des navets bien épluchés, coupez-les en deux. Faites un petit roux léger dans votre terrine avec du beurre où lard, & un peu de farine. Vous y jettez vos navets, & vous remuez pendant un quart d'heure. Vous les mouillez avec de l'eau ou bouillon. Assaisonnez de sel, poivre, oignon piqué de deux clous. Mettez-y votre canard, étouffez bien le tout sur des cendres chaudes. Observez de ne le pas trop mouiller. Étant cuits, dégraissez & servez.

Canard aux olives.

Entrée. Faites-le cuire à la braise. Ensuite vous avez des olives dont vous ôtez les noyaux proprement, de façon qu'elles paroissent entieres. Vous les mettez dans l'eau bouillante & les laissez égoutter.

Mettez dans une casserole un pain de beurre manié dans un peu de farine avec du blond de veau, deux tranches de citron. Vous tournez la sauce pour lui donner un peu de consistance, ensuite vous y mettez vos olives. Il ne faut pas qu'elles bouillent. Ensuite vous les jettez sur votre canard.

Canard en balon.

Il s'accommode de même que le canard en grenadin, excepté qu'il ne faut pas le piquer. Vous le rendez bien rond, & le faites cuire dans des bardes de lard à très-petit feu. Servez dessus une sauce à l'Espagnole.

Entrée.

Canard à la daube.

Comme le dindon.

Entremets froid.

Des Filets de canard.

Filets de Canard à la Manselle.

Prenez deux ou trois canards mortifiés & tendres. Epluchez-
L ij

Hors-d'œuvre. les & les faites refaire. Mettez-les à la broche & les faites cuire à moitié. Vous les ôtez & coupez l'eſtomac de vos trois canards. Vous prendrez garde de ne pas perdre le jus qui en ſort. Otez la peau & les cizelez en long. Hachez dans une caſſerole une pincée d'échalottes, une truffe, un foye gras, du ſel, du poivre, une demi-cueillerée de blond de veau, un demi-verre de vin, deux cueillerées d'huile. Faites bouillir le tout un demi-quart d'heure. Mettez-y vos filets de canard, & les tenez ſur des cendres chaudes. Il ne faut pas qu'ils bouillent; en ſervant, jus de citron.

Filets de canards aux têtes d'huitres.

Hors-d'œuvre. Faites cuire à moitié des canards à la broche. Etant à demi-froids, vous levez les filets & les arrangez tout prêts dans le plat.

Prenez une bonne quantité

d'huîtres blanches & bien fraîche. Faites-les blanchir dans leur eau. Ensuite vous les égouttez, vous ôtez les barbes & le dur, de façon qu'il ne reste plus que la tête de l'huître. Vous passez quelques champignons hachés avec persil, ciboule, échalottes & un pain de beurre. Vous singez & mouillez avec de la quinte-essence & un peu d'huile. Vous laissez mijoter, & dégraissez. Quand la sauce est faite & réduite, vous jettez dedans vos têtes d'huîtres, & servez sur vos filets avec jus de citron.

Autre façon de filets de canard, aux truffes & têtes d'huîtres.

Vous prenez autant de filets de truffes que de filets de canard, du beurre très-fin, manié avec persil, ciboule, échalottes, le tout haché très-menu, sel & gros poivre. Vous frottez votre casserole avec ce beurre, ensuite vous

Hors-d'œu'r

arrangez un lit de filets, un lit d'huitre, un de beurre, un de truffes, & ainsi jusqu'à la fin. Vous y verserez une demi-cueillerée d'huile, vous couvrirez bien votre casserole, & là mettrez pendant un quart d'heure sur des cendres chaudes à très-petit feu. Dressez le tout sur le plat que vous devez servir, & mettez dans votre casserole avec ce qui reste de petites herbes, un demi-verre de vin blanc, un peu de quinte-essence & de blond de veau. Faites bouillir : dégraissez, & jettez sur vos filets avec jus de citron.

Filets de canard émincés aux concombres.

Hors-d'œuvre. Coupez vos filets bien minces & en travers, pour que la chair en soit plus tendre. Ayez des concombres épluchés & coupés minces. Marinez avec quelques oignons, coupés aussi minces, du sel & du vinaigre, un peu d'eau.

Etant assez marinés, vous les pressez dans un linge, & les passez dans du lard fondu, jusqu'à ce qu'ils commencent à prendre couleur. Ensuite vous singez & mouillez avec du jus de veau, & laissez mijoter. Finissez-les avec du blond de veau. Quand cela est bien lié, vous y jettez vos filets sans les faire bouillir. En finissant, une pointe de vinaigre.

Des Oyes & Oysons.

Oysons aux pois.

ECHaudez-les comme les canetons, & les faites cuire de même dans une petite braise légere. Jettez dessus un ragoût de petits pois, ou une purée. *Entrée.*

Oye à la broche.

Prenez une oye qui soit jeune & tendre, épluchée, flambée & vuidée. Ayez des marons passés à la braise, ôtez leur peau, & les faites blanchir pour ôter la petite *Entrée.*

peau qui reste. Mettez-les dans une casserole avec de la chair de saucisse, un morceau de lard & de beurre, le foye de votre oye blanchi, sel, poivre, persil, ciboule & fines herbes, & le tout bien haché ensemble. Mêlez bien avec vos marons que vous mettez ensuite dans le corps de votre oye. Bouchez bien, & faites cuire à la broche. Servez dessus un ragoût de marons. (Voyez aux légumes.)

Oye à la moutarde.

Entrée. Accommodez-le comme pour la broche. Mettez dans le corps un morceau de beurre manié avec du persil, de la ciboule, échalottes, sel, poivre, basilic. Arrosez-le avec du beurre. Etant presque cuit, mêlez dans le reste du beurre qui vous sert à arroser, deux ou trois cueillerées de moutarde, du sel & du poivre, arrosez & panez à mesure. Faites enforte que la mie de pain tienne. Etant cuit, vous le fervez avec une fauce à la moutarde, jus d'orange, ou fauce a l'Efpagnole.

Oye à la daube.

Epluchez, trouffez les pattes en-dedans, & piquez de gros lardons, affaifonnez de fel, poivre, bafilic en poudre & fines épices. Enfuite vous le mettez dans une terrine ou autre vaiffeau avec quelques petits ingrédiens de lard ou quelques morceaux de viande. Affaifonnez deffus comme deffous. Mettez-y un demi-feptier de vin blanc, un demi-poiffon d'eau-de-vie, & un verre d'eau. Couvrez & enveloppez de pâte, & faites cuire fur des cendres chaudes. Enfuite vous l'ôtez de deffus le feu, & ne découvrez que quand il eft froid. Vous le fervez avec une fauce, fi vous le voulez.

Entremêts froid.

L v

Ailes & Cuisses d'Oyes.

Elles viennent de Gascogne ; quand elles sont bien nouvelles, on peut les employer à plusieurs sauces différentes. On peut en faire dans ces pays-ci.

Pour cet effet vous faites cuire à la broche autant d'oyes que vous voulez faire de morceaux. Etant cuits aux trois quarts, vous les ôtez & les laissez refroidir. Ensuite vous levez les quatre membres de chaque oye, & les mettez dans une terrine avec du sel, douze feuilles de laurier. Vous passez la graisse qu'ils ont rendue, que vous joindrez avec de bon sain-doux. Le lendemain vous les mettrez dans un pot de grès ou autre vaisseau, & verserez par-dessus votre graisse & sain-doux. Etant froids, vous les couvrez de parchemin & les serrez dans un lieu sec pour les conserver.

Quand vous voulez vous en servir, vous les tirez du pot, & les mettez dans l'eau chaude pour les bien dégraisser, ensuite vous les faites cuire dans une petite braise, ou autre assaisonnement léger.

Hors-d'œuvre.

Cuisses d'Oyes à la Sainte-Menehoult.

Frites-les cuire à la braise & les trempez dans une Sainte-Menehoult. Panez, faites griller, & servez avec une rémoulade, ravigotte, ou autre sauce.

Hors-d'œuvre.

Cuisses d'Oye à la moutarde.

Faites-les cuire à la braise, & les dressez sur le plat. Mettez dans une casserole un verre de bouillon, du sel, du poivre concassé, deux ou trois échalottes hachées bien menues, & un peu de moutarde. Faites chauffer, & jettez sur vos cuisses.

Hors-d'œuvre.

On fait cuire de même à la braise les aîles. Elles se servent, ainsi que les cuisses, sur des potages, dans des hochepots, garbures, terrines & autres, avec plusieurs racines, légumes & autres sauces différentes.

CHAPITRE IX.

Différentes façons d'accommoder le gibier à poil.

Du Liévre.

Gros Liévre à la broche, aussi tendre qu'un jeune, & de meilleur goût.

Rôti. DEpouillez un gros liévre, faites-le refaire, & lui ôtez encore le reste de ses peaux, tant sur les cuisses que sur le filet. Faites-le piquer de lard un peu consistant. Ensuite vous le faites mariner pendant trois heures au moins dans un vaisseau de sa longueur, avec un demi-septier de vinaigre, sel, clous, laurier, basilic, tranches d'oignon, & un bon morceau de beurre, le tout ensemble. Ensuite vous l'embrochez, & l'arrosez de votre marinade : & servez avec une poivrade, liée ou simple.

Civet de Liévre.

Quand le liévre est gros, mettez les cuisses & le rable à la broche de la même façon que ci-dessus. Vous coupez le reste par morceaux. Mettez dans une casserole du lard fondu ou beurre. Faites-le bien chauffer & y mettez votre liévre. Remuez de tems en tems, & le couvrez pour qu'il cuise mieux. Etant à moitié passé, vous y mettez une douzaine d'oignons, du sel, du poivre, deux ou trois feuilles de laurier, un oignon piqué de deux clous de girofle. Achevez de passer, ensuite vous le singez un peu &

le mouillez de son sang que vous aurez conservé, avec une bouteille de vin & de l'eau. Faites cuire à petit feu.

Le civet veut être d'un goût relevé & bien noir. On peut le garnir de croutons.

Liévre à la daube.

Entremets. froid.

Désossez un gros liévre sans séparer les membres ni déchirer la peau. Piquez-le de gros lard en-dessous. Assaisonnez de sel, poivre, basilic en poudre, muscade, une pointe d'ail. Mettez-le dans un vaisseau de sa forme & grandeur, avec bardes de lard dessous & dessus, & quelques bardes de veau. Assaisonnez de sel, poivre, clou battu, basilic, laurier, une pincée de coriandre & tranches d'oignon. Faites-le suer sur des cendres chaudes bien couvert. Une demi-heure après, mettez-y un poiçon d'eau-de-vie, une demi-cueillerée de bouillon. Achevez de faire cuire à petit feu. Laissez ensuite refroidir, & servez à sec ou avec le fond de la cuisson. Si vous n'avez pas de machine pour le mettre ; vous le mettez dans de la pâte bise, & y mettez le même assaisonnement.

Haricot de Liévre.

Coupez un liévre par morceaux Entrée. & le passez comme pour un civet. Mettez-le dans une marmite. Passez des navets entiers ou en morceaux dans du lard ou saindoux. Mettez-le avec votre liévre. Joignez-y un bon bouquet de persil, ciboule, clous & basilic, sel & poivre, moitié jus & bouillon, ou même de l'eau. Vous ferez un petit roux, dans lequel vous mettez deux ou trois oignons coupés. Jettez le tout dans votre marmite & faites cuire à petit feu. Sur la fin, vous le renverserez dans une casserole, vous dégraisserez, & servirez avec une pointe de vinaigre, & des rôties de pain autour, sur lesquels vous aurez mis un peu de sel & de vinaigre.

Filets de liévre, sauce pointue.

Entrée. Quand votre liévre est cuit, vous coupez les filets en long ou en large; vous les mettez dans une casserole, & y versez une sauce pointue. (Voyez à l'article des sauces.)

Filets de liévre, sauce au civet.

Hors-d'œuvre. Levez les filets d'un liévre qui soit tendre. Mettez-les dans une casserole. Gardez les flancs & les autres épluchures que vous mettrez dans une casserole avec un demi-septier de vin de Bourgogne, deux ou trois oignons en tranches, deux clous de girofle, une feuille de laurier: du blond de veau, zestes de carottes & panais. Faites bouillir le tout l'espace d'un quart d'heure. Dégraissez, & la passez sur vos filets sans la faire bouillir. Mettez une pointe de vinaigre, & servez.

Gâteau de liévre.

Ayez un ou deux liévres, dépouillez-les, & levez-en les filets, hachez-le bien avec un morceau de rouelle de mouton, deux lapins, une perdrix, un morceau de rouelle de cochon, de la graisse de bœuf ou de veau, mêlez & hachez bien menu, assaisonnez de sel, poivre, épices douces, fines herbes, un peu d'ail, maniez bien le tout dans une casserole, joignez-y des truffes en dez, du lard en dez, du jambon en dez, pistache en dez, quatre œufs. Garnissez une casserole ronde de bardes de lard, mettez votre appareil dedans, recouvrez de bardes de lard, & faites cuire au four deux ou trois heures, & le laissez refroidir dans son assaisonnement.

Entremets froid.

Vous le servirez froid, entier ou coupé.

Du Levreau.

Levreau à la hâte.

Entrée. Epouillez un levreau tel que vous l'aurez, pourvu qu'il soit bon. Allumez votre fourneau pendant ce tems. Vuidez-le, & le coupez en quatre ou six morceaux. Hachez le foye & mettez dans une casserole avec le levreau, sel, poivre, échalottes hachées, un morceau de beurre, du bouillon ou quelque fond de braise. Couvrez-le, & le mettez sur le fourneau sans le remuer qu'une fois : en un quart d'heure il doit être cuit. En finissant, un demi-verre de vin & un filet de vinaigre. Courte sauce.

Levreau à la Suisse.

Coupez-le par membres, & les

lardez de gros lard. Faites-les cuire dans une braise aux trois quarts. <small>Grosse Entrée.</small> Ensuite vous les mettez dans une casserole avec le fond de sa cuisson, le foye haché, mêlé avec le sang & du bouillon. Achevez de faire cuire; sur la fin, vous y mettez des olives que vous aurez tournées & blanchies auparavant, une poignée de capres, & un filet de vinaigre.

Filets de levreaux au beurre.

Prenez les filets de deux ou trois levreaux. Piquez-les avec des lardons d'anchois bien dessalés. Mettez-les dans une casserole avec quatre pains de beurre, du sel, du poivre, de la muscade, une poignée d'échalottes hachées. Couvrez-les, & les mettez sur un petit fourneau. Il ne faut qu'une demi-heure pour les cuire. Faites-les égoutter & mettez dans la casserole de la sauce à l'Espagnole ou blond de veau, & un autre <small>Hors-d'œuvre.</small>

morceau de beurre manié dans la farine. Tournez la sauce; en finissant, jus de citron.

Vous pourrez mettre le reste de vos levreaux en haricot ou en civet.

Filets de levreaux a la chicorée.

Hors-d'œuvre. Ayez des filets de levreaux qui ne soient pas trop cuits. Etant froids, vous les émincez, & les mettez dans une casserole. Faites un ragoût de chicorée bien relevé. (Voyez à l'article des légumes.) Jettez-le sur vos filets, & mêlez. En servant, vous mettrez un filet de vinaigre.

On peut de même les mettre aux concombres.

Levreau au sang.

Entrée. Prenez un ou deux levreaux, dont vous levrez toutes les chairs & ôterez les peaux & les nerfs. Hachez la viande bien menue. Coupez en petit dez autant de panne, hachez de l'oignon bien menu & le passez sur un petit fourneau avec un peu de beurre ou lard. Etant presque cuit, mettez votre panne dedans avec du persil, de la ciboule, échalottes, sel & poivre, & un peu d'épices ou coriandre pilée. Mettez-y une chopine de sang de cochon ou autre, selon la quantité de chair que vous avez. Mêlez le tout ensemble. Faites un peu chauffer sur le fourneau, & y mettez un poisson de bonne crême. Etendez une crépine en double dans une casserole, avec bardes de lard dessous. Mettez-y votre appareil, & recouvrez de crépines & bardes de lard. Faites cuire au four, & servez bien dégraissé avec une sauce à l'Espagnole ou autre.

On peut faire des boudins de liévre avec cet appareil.

Filets de Levreaux a la sauce douce.

Levez les filets proprement, &

Entrée. les mettez dans leur entier dans une casserole. Jettez dedans une sauce douce. (Voyez à l'article des sauces.)

On peut les servir avec une poivrade liée ou sauce à l'Espagnole.

Du Lapreau.

Lapreau au gîte.

Entrée. PRenez des lapreaux de bon fumet. Dépouillez-les proprement, sans ôter la peau des pattes ni de la tête. Vuidez-les & faites une farce avec leur foye, & du lard ou graisse de veau, ou autres choses. Mettez cette farce dans le corps de vos lapreaux. Cousez-les bien, & les troussez comme s'ils étoient au gîte, en leur mettant les pattes de devant sous le nez, & les deux pattes de derriere sous le ventre. Faites-les piquer de menu lard, & les faites cuire dans une petite braise, dont le fond vous servira à les glacer.

Faites ensorte qu'ils ne soient pas trop cuits ni dérangés de leur attitude. Servez dessous une sauce à l'Espagnole.

Lapreau en fricandeaux

Faites piquer des lapreaux d'un bout à l'autre, ensorte qu'ils soient bien garnis de lard. Coupez-les en morceaux, & les faites cuire comme les grenadins ci-après. *Entrée.*

Grenadins de Lapreaux.

Prenez des lapreaux d'excellent fumet. Désossez-les entièrement & les coupez. Formez-en de petits grenadins, dans lesquels vous mettez un petit salpicon fin & crud. Enveloppez & cousez vos grenadins. Faites-les piquer & cuire avec de bon bouillon, un peu de vin blanc, un bouquet, leur désossement & quelques bardes de veau. Glacez-les, & les servez avec tel ragoût ou sauce que vous voudrez. *Entrée.*

Ou bien jettez dans le fond de

la casserole où ils ont cuit, un peu de blond de veau, un demi-verre de vin, du sel & du poivre. Faites bien detacher, dégraissez, goûtez & servez avec jus de citron.

Lapreaux roulés.

Entrée. Désossez-les sans les déchirer. Etendez vos lapreaux sur le dos. Faites une farce avec leurs foyes, & quelques autres foyes gras, truffes, graisse de veau, lard, persil, ciboule, jaunes d'œufs, sel, poivre, basilic, muscade ; le tout haché, pilé & bien lié. Mettez de cette farce sur vos lapreaux, ensuite de petits filets émincés de vos lapreaux que vous aurez ôtés avant que de mettre la farce, filets de foyes gras, de truffes & autres. Semez un peu de persil, remettez de la farce par-dessus. Passez la main dessus avec des œufs pour la bien souder. Ensuite vous roulez vos lapreaux bien

bien serrés, & les enveloppez de crépines, & dans un linge fin ou étamine, vous les faites cuire comme les botines, ci-après, & les servez avec une sauce aux lapreaux.

Botines de Lapreaux

Dépouillez vos lapreaux, le- Entrée. vez-en les cuisses, désossez-les, & mettez à la place un petit salpicon de lapreaux, truffes, foyes gras & autres, avec du lard rapé, persil, ciboule, sel, poivre, basilic en poudre, deux jaunes d'œufs. Recousez bien vos cuisses, & les faites cuire dans une petite braise faite avec le désossement, assaisonné légerement, & quelques bardes de veau. Mouillez avec un peu de bon bouillon, un demi-verre de vin de Champagne. Laissez mijoter doucement. Servez avec le fond de la sauce, dans lequel vous mettrez un peu de blond de veau, & bien dégraissé.

On peut faire piquer ces botines, & les glacer comme les fricandeaux de lapreaux, ci-devant.

Galantines de Lapreaux froids.

Entrée ou Entremets.

Préparez-les comme les lapreaux roulés. Vous faites une farce avec du veau, de la graisse de bœuf, & autres qui soit bien liée & consistante. Vous faites des lardons de jambon, de pistaches, de lard, des amandes douces, & d'œufs durs. Faites un lit de farce sur vos lapreaux, ensuite un rang de lard, un de jambon, puis de lard, pistaches, jambon, truffes, amandes, œufs durs, & ainsi de suite jusqu'à la fin ; assaisonnez, recouvrez avec un lit de farce. Soudez bien avec des œufs. Roulez vos lapreaux & les enveloppez dans un morceau de linge ou étamine. Serrez-les bien pour que la galantine ne se dérange pas. Faites-la cuire dans une bonne braise à petit feu. Etant cuite, vous la laissez refroidir, & la servez entiere ou coupée en tranches. On peut la servir chaude.

Lapreaux au vis-à-vis.

Désossez deux lapreaux, laissez Entrée. la tête & le col entiers. Mettez dans le corps une farce fine & quelques filets comme aux lapreaux roulés. Lardez la tête & le col de jambon, roulez jusques dessous le col. Ficelez-les, & les faites cuire dans une petite braise avec du vin de Champagne, & leur épluchure. Etant cuits, vous les égouttez, déficelez & dressez sur le plat les deux têtes vis-à-vis. Servez dessus une sauce blonde.

Lapreaux à l'Angloise.

Coupez les lapreaux en deux ou Entrée. trois, ou les laissez entiers. Donnez-leur telle forme que vous voudrez, & les faites cuire dans de l'eau & du sel, avec des petits oignons hachés. Egouttez-les : faites fondre ensuite du beurre assaisonné de sel, poivre; mettez vos lapreaux avec vos oignons. Servez avec du gros poivre, ou bien en faisant cuire les lapreaux & les oignons dans une petite braise, vous mouillez de vin blanc & bon bouillon. Quand les oignons sont cuits, vous les hachez & les mettez dans une casserole avec du blond de veau, & deux ou trois pains de beurre manié, sel, poivre & muscade. Vous mettez dans un plat & les lapreaux dessus.

Lapreau en tortue.

Entrée. Prenez deux lapreaux de bon fumet. Dépouillez-les jusqu'au bout des ongles. Désossez-les, & laissez la tête, le col & les pattes. Hachez les foyes que vous mêlez avec un morceau de beurre ou lard rapé, persil, ciboules, échalottes, sel, poivre, basilic, & deux jaunes d'œufs. Mettez cet appareil dans le corps des lapreaux

& les cousez. Ramenez la tête de vos lapreaux que vous passez dans la cuisse, cela formera la tortue. Ecartez la tête & les pattes. Ficelez vos lapreaux pour qu'ils tiennent. Ensuite vous les mettez dans une tourtiere avec des bardes de lard dessus & dessous. Faites un morceau de pâte brisée que vous mettez dessus, & vous lui ferez prendre la figure d'une coquille de tortue. Faites-les cuire au four à petit feu. Dorez la coquille, & faites quelque façon dessus. Le tout étant cuit à propos & de belle couleur, levez la coquille, dégraissez vos lapreaux, & les servez avec une sauce aux lapreaux & la coquille dessus.

Timbale de Lapreaux.

Faites cuire des lapreaux à la broche, à la braise ou autrement. Coupez-les par morceaux, & passez un ragoût avec du lard fon- Entrée.

du, un bouquet, des champignons. Singez & mouillez de jus & vin blanc, sel & poivre. Mettez-y pour garniture, crêtes, ris de veau, truffes, foyes gras & autre chose. Faites cuire votre ragoût & y mettez vos filets de lapreaux. Laissez refroidir : faites une pâte brisée, avec laquelle vous foncez une casserole. Mettez dessus votre ragoût de lapreaux, & recouvrez de la même pâte. Faites cuire au four, ensuite vous dressez sur le plat. En la renversant, faites un trou au milieu pour y faire entrer avec un entonnoir un peu de sauce aux lapreaux, ou blond de veau.

Caisses de Lapreaux.

Entrée. Vous la faites grande ou petite. Mais s'il la faut grande, vous prenez une caisse d'argent, ou vous en faites une avec du papier de la longueur de vos lapreaux.

Vous prenez deux ou trois petits

lapreaux que vous dépouillez. Vous passez les pattes de devant dans le corps, & coupez celles de derriere, & même vous ôtez l'os des cuisses. Vous les mettez dans une casserole avec deux ou trois pains de beurre, lard fondu, persil, ciboules, champignons, truffes, sel, poivre, basilic, muscade. Faites-leur prendre goût sur des cendres chaudes. Ensuite vous les mettez dans votre caisse sur le dos, avec tout leur assaisonnement. Couvrez les de bardes de lard & d'une feuille de papier. Faites-les cuire au four sur un plafond ou sur un couvercle de tourtiere. Etant cuits, vous les dégraissez, & servez avec un peu de sauce aux lapreaux, & jus de citron.

Lapreaux aux truffes.
Prenez des lapreaux de bon fumet, que vous coupez par morceaux. Faites-les cuire dans une

Entrée.

braise. Mouillez de vin de Champagne. Etant cuits, vous les servez avec un ragoût de truffes.

Lapreaux aux morilles, mousserons ou champignons.

Entrée. Coupez vos lapreaux & les mettez dans une casserole avec un bon bouquet & du lard fondu. Mettez-y des champignons en quantité, morilles ou mousserons. Passez le tout sur un petit feu, assaisonnez de sel & poivre. Singez un peu & mouillez de jus, si c'est au roux, & de bon bouillon, & vin blanc, si c'est au blanc. Liez-les avec du blond de veau ou des jaunes d'œufs.

Lapreaux à l'Italienne.

Entrée. Prenez des lapreaux dont vous coupez les cuisses & les reins. Levez les épaules & les flancs. Piquez-les de gros lard, & les faites cuire dans une braise avec quelques bardes de veau, cinq ou six gousses d'ail, du sel, du basilic, un verre d'huile & du vin blanc. Couvrez-les de bardes de veau, faites cuire à petit feu. Faites égoutter & ôtez tous les ingrédiens de la braise. Mettez-y du blond de veau, faites bouillir, dégraissez & passez votre sauce au tamis de soye. Essuyez vos lapreaux & les dressez, & mettez la sauce dessus avec jus de citron.

Lapreaux aux petites herbes.

Prenez trois ou quatre petits la- Entrée. preaux que vous habillez proprement. Hachez les foyes que vous mêlez avec du lard rapé, persil, ciboule, échalottes, champignons, truffes, sel & poivre. Faites refaire vos lapreaux & les marinez dans votre assaisonnement. Ensuite vous les embrochez, & mettez dessus & dedans tout leur ingrédient. Enveloppez-les de bardes de lard, ou crépines, & de papier. Faites-les cuire à petit feu. Etant cuits, vous les ôtez de la broche sans rien perdre de leur assaisonnement. Otez le papier, les bardes & la crépine. Servez vos lapreaux avec un peu de blond de veau.

Lapreaux en brodequin.

Entrée. Prenez un ou deux lapreaux que vous dépouillez proprement. Passez les pattes de devant dans le corps, & faites une farce avec les foyes, de la moëlle, un peu de lard rapé, quelques jaunes d'œufs, persil, ciboule & fines herbes, & un peu de sarriette hachée ; le tout bien pilé. Emplissez le corps de vos lapreaux que vous cousez bien. Faites refaire vos lapreaux sur la braise ou dans le beurre. Ensuite vous les attachez sur la broche, & les envelopperez de bardes de jambon minces & battues, & de croutons de pain mollet coupés minces, ensorte que l'on ne voye que la tête. Couvrez le tout de crépines bien minces,

& les faites cuire à la broche à petit feu. Étant cuits, vous ôterez la crépine pour faire un peu rissoler le pain. Ensuite vous les débarderez & servirez avec les tranches de jambon, les croutons de pain & le jus d'une bigarrade.

Il ne faut point les arroser pendant qu'ils cuisent, car ils sont assez humectés, de la crépine & de la moëlle qui est dans le corps.

Matelotte de Lapreau & d'Anguille.

Ayez un lapreau de bon fumet, Entrée. & une anguille de bonne eau. Faites refaire votre lapreau & le coupez proprement. Coupez votre anguille par tronçons. Mettez-les dans une casserole avec un bon bouquet, deux feuilles de laurier, du sel & du poivre. Faites blanchir de petits oignons, ou les faites cuire à moitié dans des bardes de lard, & ensuite égoutter.

Faites un roux avec de bon beurre & de la farine, jettez dedans vos oignons, & leur faites faire quelques tours. Mouillez d'excellent vin de Bourgogne, & un peu de jus & bouillon. Faites faire un bouillon & mettez le tout avec votre lapreau & votre anguille. Faites-les cuire sur un feu moderé. En finissant, vous pouvez y mettre un peu de capres hachées, quelques anchois, & des croutons.

Au lieu de vin, de bouillon, ou d'eau, on peut les mouiller avec de la sauce à la carpe. La matelotte en sera plus délicate.

On peut faire les matelottes de lapin, avec des lottes & autres poissons.

Entrée. On peut faire un mélange de filets de lapreaux, anguilles, lottes, perches, folles & autres, avec une sauce de goût.

Lapreaux au vin de Champagne.

Vous pouvez les servir avec de l'anguille. *Entrée.*

Pour cet effet, vous coupez vos lapreaux en gros morceaux, & l'anguille en tronçons. Vous la faites piquer par-dessus, & faites cuire le tout dans une braise. Mouillez de vin de Champagne. Les lapreaux doivent être au fond & l'anguille dessus, la braise un peu foncée & bien assaisonnée. Le tout étant cuit à propos, vous égouttez l'un & l'autre. Tenez chauds à part les lapreaux dans une casserole avec un peu de la cuisson. Vous passez le reste au tamis de soye, & en faites un caramel avec attention. Glacez vos tronçons d'anguille, ensuite vous dressez un morceau de lapreau, un tronçon d'anguille, & ainsi de suite. Masquez les lapreaux avec une sauce à l'Espagnole, & servez.

Lapreaux à la braise avec plusieurs sauces différentes.

Entrée. Coupez vos lapreaux en gros morceaux. Lardez-les de gros lard, & les faites cuire dans une braise à l'ordinaire. Faites égoutter, & servez dessus ragoût de navets, cellery, criste-marine, cornichons, petits melons, petits oignons, choux, choux-fleurs, sauce hachée, sauce à l'Italienne & autres, suivant le goût & la saison.

Fricassée de lapreaux.

Entrée. Coupez vos lapreaux par filets avec les os. Passez-les dans une casserole avec du lard fondu ou beurre, un bouquet & quelques champignons. Passez le tout sur le feu, singez & mouillez avec du vin blanc & du bouillon. Laissez cuire à petit feu. En finissant, une liaison de jaunes d'œufs avec du bouillon ou verjus.

Si c'est au roux, vous liez avec

de la sauce au lapin, si vous en avez, du blond de veau ou du jus.

Marinade de Lapreaux.

Prenez deux ou trois lapreaux dont vous levez le filet. Si vous en avez assez, vous ne mettrez point les cuisses. Marinez avec un peu de bouillon, sel, poivre, clous, basilic, tranches d'oignons, le jus de deux citrons ou du vinaigre, un morceau de beurre manié. Faites bien chauffer votre marinade, & jettez dedans vos lapreaux, & les y laissez pendant deux heures. Egouttez & ressuyez. Fouettez deux blancs d'œufs, & passez vos lapreaux dedans & ensuite dans la farine. Faites frire bien blond, & servez avec du persil frit. *Entrée.*

Hachis de Lapreaux.

Faites cuire un ou deux lapreaux. Levez-en toutes les chairs, & ôtez les peaux & les nerfs. Joignez-y un morceau de mouton. *Entrée.*

Mettez votre hachis dans une casserole. Faites bouillir les flanchets avec du blond de veau, & quelques échalottes hachées. Passez le tout dans votre hachis avec un morceau de beurre manié. Faites-lui prendre corps sur des cendres chaudes. Pour le servir vous frottez le plat d'un peu de rocambole, & garnissez d'œufs pochés dessus, & croutons de pain frits au tour. Si vous n'avez pas de sauce, vous ferez une petite sauce hachée.

Lapreaux au gratin.

Entrée. Coupez vos lapreaux par morceaux. Faites-les cuire dans une petite braise légere. Hachez les foyes avec persil, ciboules, échalottes, sel, poivre & fines herbes, deux ou trois jaunes d'œufs, un peu de lard rapé. Mettez cette farce dans le fond du plat, sur lequel vous devez servir. Faites attacher à petit feu. Dégraissez, égouttez vos lapreaux & les mettez sur votre gratin avec une sauce aux lapreaux ou autre sauce.

Lapreaux en houlettes.

Levez-en les filets, & les faites cuire aux trois quarts dans une petite braise. Vous les piquez de moyens lardons de lard & jambon. Etant cuits, vous les faites refroidir & les embrochez à de petites brochettes de bois ou d'argent. Prenez de la graisse où ils ont cuit, & y mettez des champignons hachés, persil, ciboule, sel, poivre, basilic en poudre. Saucez vos hatelettes dedans, panez, faites griller & servez avec un peu de sauce où ils ont cuit, jus de citron. Entrée.

Filets de Lapreaux à l'Espagnole.

Faites cuire vos lapreaux, levez-en les filets & les mettez dans une sauce à l'Espagnole. Hors-d'œuvre.

Galimafré de Lapreaux.

Faites cuire un ou deux lapreaux,

Hors-d'œuvre. coupez-les par morceaux, & les mettez dans une casserole avec un peu de bouillon, sel, poivre concassé, persil, ciboule hachée, huit ou dix gouttes d'huile. Faites bouillir un demi-quart d'heure. En finissant, jus de citron.

Blanquette de Lapreaux.

Hors-d'œuvre. Elle se fait de même que celle de poularde.

Filets de Lapreaux émincés aux concombres.

Hors-d'œuvre. Levez les filets de deux ou trois lapreaux cuits. Coupez-les bien minces. Mettez-les dans une casserole. Faites un ragoût de concombres émincés, bien cuits, & bien liés, que vous mêlerez avec vos filets de lapreaux. Servez chaud.

Filets de Lapreaux à la Bechamel.

Hors-d'œuvre. Ils s'accommodent de même que ceux de poularde.

Filets de Lapreaux en Cingara.

Coupez des petites tranches de

jambon doux, minces, & bien battues. Passez-les à la poêle avec deux pains de beurre ou du lard fondu. Dépouillez vos lapins, & les faites refaire. Levez-en les filets & les jettez dans la poêle. Passez-les avec le jambon. Etant cuits, vous les faites égoutter avec le jambon. Mettez dans la poêle une pincée d'échalottes, un demi-verre d'eau, du poivre & le jus qu'ils ont rendu. En finissant une pointe de vinaigre. {Hors-d'œuvre.}

Escalopes de Lapreaux.

Levez tous les filets de vos lapreux, coupez-les bien minces, & les battez légerement, & ôtez les nerfs. Frottez une grande casserole de beurre ou lard. Semez dessus persil, ciboule, échalottes hachées, sel, gros poivre. Arrangez proprement vos filets dessus, remettez encore de fines herbes par-dessus. Un moment avant que de servir, vous les mettez sur {Hors-d'œuvre.}

un grand fourneau. Quand ils sont détachés & blanchis, vous les tournez. Sur le champ vous les faites égoutter, & vous mettez dans la casserole, pour faire la sauce, un peu de quinte-essence ou blond de veau. Dégraissez, jettez la sauce dessus, & servez, jus de citron.

Escalopes à l'Italienne.

Hors-d'œuvre. C'est la même composition que ci-devant. Vous y mettez de l'huile avec un pain de beurre, & vous les faites mariner dans de fines herbes. Vous les passez & faites cuire comme les autres. Mettez dans la casserole un demi-verre de vin de Champagne & un peu de consommé. Faites bouillir un instant, dégraissez l'huile, & y mettez jus de citron. Jettez la sauce sur vos escalopes, ou bien mettez les escalopes dans la sauce jusqu'au moment de servir sans les faire bouillir. Courte sauce.

Cascalopes de Lapreaux.

Prenez des filets de lapreaux ce qu'il en faut pour faire un plat. Coupez-les bien minces & les battez. Ayez une petite farce de volailles bien fine, mettez-en un peu à chaque tranche de vos lapreaux, que vous roulez. Arrangez-les dans une casserole. Vous mettez ensuite dans une autre casserole deux pains de beurre, un verre d'huile, persil, ciboules, échalottes, truffes, champignons, le tout haché bien menu, sel & poivre. Mêlez bien le tout ensemble & le jettez dans vos cascaloppes. Faites-les cuire sur des cendres chaudes bien couvertes. Etant cuites, dégraissez, & y mettez du blond de veau, & les faites bouillir encore un instant. Puis vous les dressez sur le plat, & servez avec jus de citron.

Hors-d'œuvre.

Vous pouvez mettre dessus des

œufs frais pochés à l'huile ou des croutons.

Filets de Lapreaux au fenouil.

Hors-d'œuvre. Laissez les filets de vos lapreaux de toute leur grosseur, & les faites cuire comme les escalopes, excepté que vous n'y mettez pas d'huile ; mais vous y mettez un peu de fenouil & les étouffez. Etant cuits, vous tirez vos filets avec une fourchette, & vous mettez dans une casserole un peu de jus de veau consommé, & un peu de blond de veau. Otez le fenouil, faites bouillir un moment, dégraissez, & servez sur vos filets.

Balotines de Lapreaux.

Hors-d'œuvre. Prenez des lapreaux de bon fumet, dont vous levez des filets & les émincez comme pour des bresoles. Marinez-les comme les poulets à la Garonne. Formez-en des balotines, & les faites cuire entre deux plats sur des cendres chaudes, & les servez avec jus d'orange ou autre petite sauce. La plus simple est la meilleure.

Lapreaux à l'Amiral.

Levez les filets de leur longeur. Marinez-les à l'huile & toutes sortes de fines herbes. Faites griller au four dans des bardes de lard. Servez avec jus de citron. *Hors-d'œuvre.*

Crépinettes de Lapreaux.

Coupez de jeunes lapreaux en tronçons. Otez le gros os des cuisses. Marinez-les dans l'huile, beurre, & toutes sortes de fines herbes. Pilez les foyes, assaisonnez de bon goût, enveloppez-les dans la crépine & les panez légerement. Faites-les cuire au four doux, & les servez avec une sauce aux lapreaux. *Hors-d'œuvre.*

Semelles de Lapin.

Prenez un ou deux lapins. Désossez-les entierement par le ventre sans déchirer la peau. Levez proprement toute la viande & l'é- *Hors-d'œuvre.*

mincez. Otez les nerfs. Coupez chaque lapreau en quatre morceaux, larges de trois doigts, & longs de quatre pouces. Mettez vos filets dans une casserole avec trois ou quatre pains de beurre, que vous aurez fait fondre, persil, ciboule, échalottes, champignons, le tout haché bien menu, sel, poivre, muscade, basilic, têtes de clous de girofle, trois jaunes d'œufs; le tout bien manié ensemble & de bon goût. Mettez de cette appareil sur chaque femelle, avec un peu de farce par dessus. Faites-les cuire sur des bardes de lard avec tout le désossement de vos lapreaux, quelques bardes de veau, fines herbes, sel & tranches de citron; le tout sur des cendres chaudes, sans mouiller. Renversez-les, & servez avec une sauce aux lapreaux, à l'Italienne, ou le fond de la cuisson.

On

On peut les faire comme les femelles de porc frais, en levant les filets & les cuisses. Vous les faites mariner & griller, & servez dessous une petite sauce.

Salade de Lapreaux.

Faites cuire deux lapreaux, levez-en les filets, dressez-les proprement sur un plat. Garnissez d'anchois bien dessalés, quelques croutons de pains ou autres ingrédiens suivant le goût & la commodité.

On l'assaisonne sur la table, ou chacun en prend sur son assiette & l'assaisonne à sa volonté.

CHAPITRE X.

Du Faisan & Faisandeau, & du Gibier en général.

Faisan aux truffes.

Entrée. Plumez, épluchez & flambez un ou deux Faisans. Vuidez-les sans couper le bouton. Faites une farce avec le foye, persil, ciboules, échalottes, lard rapé, truffes, bon beurre, sel, poivre, muscade, basilic en poudre, un jaune d'œuf; le tout bien haché & pilé, que vous mettez dans le corps de vos Faisans. Passez le bouton dans le croupion. S'il ne pouvoit pas tenir, vous y mettez une petite brochette, ou vous le bridez avec une aiguille, & de la ficelle que vous passez aux deux côtés du croupion. Ou bien vous le bridez tout autour. Il faut faire la même chose presque à tout le gibier de plume. Faites refaire dans du beurre, essuyez-le bien : bardez, & le faites cuire à la broche enveloppé de papier. Dressez-le sur le plat, & jettez dessus un ragoût de truffes bien fait. (Voyez à l'article des trufes.)

Faisans aux olives.

Accommodez-les pour la broche, comme ci-devant. Etant cuits à propos, jettez dessus un ragoût d'olives. *Entrée.*

Faisans à l'Espagnole.

Accommodez-les pour la broche, & jettez dessus une sauce à l'Espagnole. *Entrée.*

Faisans, sauce à la Carpe.

Accommodez comme ci-devant, & jettez dessus de la sauce à la carpe ou quelques laitances. *Entrée.*

En général, le Faisan à la broche se met avec toutes sortes de sauces convenables.

Salmis de Faisan.

Entrée ou Hors-d'œuvre. Ayez un Faisan cuit vert à la broche, Etant froid, vous le coupez par morceaux ou membres proprement, & les mettez dans une casserole. Mettez les reins & les épluchures qui portent leur fumet dans une autre casserole, avec un verre de vin blanc de Champagne ou autre, deux ou trois gousses d'ail, un bouquet, quelques champignons; du blond de veau. Faites bouillir le tout un quart d'heure à petit feu, passez dessus votre Faisan & servez.

Salmis de Faisan au bouillon.

Hors-d'œuvre. Accommodez votre salmis comme ci-devant. Faites blanchir une douzaine d'échalottes entieres. Etant presque cuites, vous les mettez avec votre salmis. Faites infuser les carcasses de votre Faisan dans de bon consommé, & les passez sur votre salmis. Faites mijoter un demi quart d'heure, & servez sans acide.

Filets de Faisan à la Manselle.

Prenez les aîles & l'estomac de deux Faisans. Otez la peau & les nerfs, coupez-les minces. Mettez dans une casserole de l'échalotte hachée, une truffe, les foyes de vos faisans, du sel, du poivre concassé, une cuillerée d'huile, un verre de vin de Champagne & du blond de veau. Faites bouillir le tout un quart d'heure, & jettez dedans vos filets. En servant jus de citron. *Entrée. ou Hors d'œuvre.*

Faisans aux foyes en puits.

Faites cuire à la broche un ou deux Faisans. Laissez-les refroidir. Levez l'estomac & les aîles toutes entiéres, de façon qu'il ne reste que la carcasse & les deux cuisses qui forment le puit. Coupez la chair de vos Faisans en filets avec autant de foyes gras, blanchis & coupés de même. Metrez le tout dans une bonne sauce à l'Espa- *Entrée.*

gnole, ou sauce au fumet bien liée, de façon que cela fasse comme un gros hachis. Etant prêt à servir, dressez votre puits sur le plat & jettez vos filets dedans avec jus de citron.

Vous mettez un peu de sauce dans le fond du plat, pareille à celle de vos filets.

De la Becasse.

Becasse à la broche, sauce au salmis.

Entrée. ACcommodez une ou deux becasses pour la broche. Faites une farce avec ce qu'elles ont dans le corps. Vous aurez une troisiéme becasse cuite, prenez tout ce qu'elle a dans le corps, & l'écrasez avec la carcasse, une pincée d'échalottes hachées, du sel, du poivre, deux verres de vin rouge & un peu d'eau. Faites bouillir un moment, pressez-y le jus d'une bigarrade, passez la sauce dans un tamis clair, & la servez sur vos becasses avec des croutons.

Salmis de Becasse.

Il se fait de même que ci-devant. Mais vous coupez les becasses. Vous dépecez les membres & les jettez dans votre sauce, & les servez de même. Entrée.

Si la sauce n'est pas assez liée, on peut y mettre un peu de chapelure de pain.

Filets de becasse au jus de canard, oiseaux de rivieres.

Levez-en les filets bien minces. Etant cuits & refroidis, vous les arrangez dans le plat. Mettez dessus du sel, du poivre concassé, un grand jus d'orange & quelques zestes. Faites cuire à la broche deux ou trois canards, ôtez-les, & les mettez dans un vaisseau, coupez-les par tout pour leur faire rendre le jus. Pressez-les bien pour que tout le jus sorte. Prenez gar- Hors-d'œuvre.

de que vos oiseaux ne sentent la bourbe ou le marécage. Laissez vos filets sur des cendres chaudes. Faites chauffer un peu votre jus, versez-le sur vos filets, & servez chaud.

Surtout de becasses ou becassines.

Entrée. Faites un salmis de becasses avec du blond de veau & les entrailles de vos becasses. Quand il est froid, vous le mettez dans le plat avec un bord de farce cuite, c'est-à-dire, de veau cuit ou volaille, & le couvrez avec la même farce. Dorez, panez, & faites prendre couleur au four. Servez chaud.

Becassines à l'estoufade.

Entrée. Flambez une demi-douzaine de becassines bien fraîches, faites une farce avec ce qu'elles ont dans le corps. Vous les vuidez par le dos. Mettez dans la farce du lard rapé, un morceau de bon beurre, des fines herbes, du sel, poivre, capres & anchois hachés. Etant farcies, vous les ficelez & leur donnez la forme qui convient pour qu'elles paroissent entiéres. Etouffez-les dans une casserole avec quelques bardes de lard & de veau. Mouillez d'un demi-verre de consommé & de vin du Rhin. Couvrez la casserole de papier & mettez le couvercle par-dessus. Laissez cuire sur des cendres chaudes. Dressez sur le plat. Passez le restaurant de leur cuisson que vous dégraissez & servez dessus.

Les becots s'accommodent de même.

Les oiseaux passagers & aquatiques se mangent plus volontiers à la broche ou en salmis, & ils en sont meilleurs. Les différentes façons de les accommoder qu'on donne ici, ne sont que pour changer.

Becots à l'Espagnole.

Prenez une demi-douzaine de

Entrée. petits becots bien frais & plumés proprement. Trouffez-les comme pour les piquer. Mettez-y une brochette, & les mettez dans une casserole, avec un verre d'huile, basilic, persil entier, un peu de coriandre pilée, deux feuilles de laurier, sel & gros poivre, quelques tranches de citron dont vous aurez ôté la peau. Faites-les mariner un peu sur des cendres chaudes. Embrochez-les sans les vuider. Prenez garde en les faisant cuire que rien ne sorte. Couvrez-les de bardes de lard & papier, & les faites cuire fort peu. Tirez-les de la broche, & servez dessus une sauce à l'Espagnole. Etant cuits à la broche de cette façon, on peut les servir avec plusieurs petites sauces qui leur conviennent.

Becots aux truffes à l'Italienne.

Entrée. Accommodez-les comme ci-devant, & les vuidez par le dos. Faites une petite farce avec ce qu'ils ont dans le corps, & une truffe hachée. Trouffez-les bien, & les faites refaire dans du lard fondu. Mettez-les dans une cafferole avec autant de truffes que de becots, un demi-verre d'huile, perfil, ciboule, échalottes hachées, bardes de veau blanchies, quelques bardes de lard, fel, poivre, deux ou trois gouffes d'ail entiéres. Couvrez votre cafferole & la mettez fur des cendres chaudes l'efpace d'une heure. Retirez vos becots & vos truffes. Otez les bardes de lard & de veau. Mettez dans votre cafferole un demi-verre de vin de Champagne, un verre de confommé & un peu de blond de veau. Faites bouillir le tout un moment pour le bien dégraiffer. Dreffez vos becots & vos truffes à côté l'un de l'autre. Servez votre fauce deffus avec jus de citron.

Autres Becots à l'Italienne.

Vuidez-les, & trouffez les pattes en-dedans. Faites-les refaire, Entrée

& passez le bec dans les cuisses. Mettez-les dans une casserole avec deux pains de beurre, un bouquet, persil, ciboule & champignons hachés. Passez-les sur le feu, singez & mouillez de vin de Champagne, & bon bouillon, ou quinte-essence. Assaisonnez de sel, poivre, quelques gousses d'ail. Laissez cuire doucement, & y mettez un demi-verre d'huile. Etant cuits, faites-les égoutter, & dégraissez bien la sauce. Mettez-y des entrailles, c'est-à-dire, le foye, les boyaux bien blanchis & pilés. Délayez avec du blond de veau, quelques rocamboles hachées & jus de citron. Mettez le tout dans votre sauce, dressez vos becots & mettez la sauce dessus.

Becots au jus d'orange.

Entrée.
Faites-les cure à moitié, & les mettez dans une casserole avec du sel, du gros poivre, une pin-

cée d'échalottes hachées bien menues. Etouffez-les sur des cendres chaudes pendant un demi-quart d'heure. Dressez-les sur le plat avec le jus qu'ils ont rendu, & le jus d'une bigarrade. Ou bien vous faites la sauce avec ce qui leur reste dans le corps.

Filets de Becots à la Mancelle.

Ils s'accommodent de même que les filets de Faisan. — Hors-d'œuvre.

Des Ramereaux.

LE Ramereau est un oiseau de passage que l'on commence à voir au mois de Septembre. Il vit fort long-tems. On connoît son âge à ses ongles. Plus elles sont longues & plus il est vieux. Sa chair est d'un bon goût, quoique plus séche que celle des pigeons domestiques, mais elle veut être mortifiée. On le mange rôti.

Rameraux aux choux.

Etant mortifiés, vous les ac- Entrée.

commodez & les piquez de gros lard. Faites-les cuire dans une braise avec des choux de Milan ou autres. Vous les servez avec du blond de veau.

Ramereaux au fenouil.

Entrée. Accommodez pour la broche des Ramereaux jeunes. Faites une farce de leur foyes que vous mettez dedans avec un peu de fenouil haché. Faites-les cuire dans leur jus, & les enveloppez de bardes de lard. Faites une sauce au fenouil.

Pour cet effet, vous prenez de petits cœurs de fenouil ou d'autres qui soient tendres, donnez-leur un ou deux coups de couteau. Faites-les blanchir & égouter. Mettez-les dans une casserole avec un pain de beurre, du blond de veau, deux tranches de citron, un peu de jus, de sel & de poivre concassé. Tournez votre sauce, & la mettez sur vos ramereaux.

Vous passez la sauce si vous ne voulez pas voir le fenouil.

Ramereaux aux tortues.

Echaudez des ramereaux com-   Entrée.
me des pigeons. Troussez les pattes en-dedans avec une petite brochette en travers des cuisses. Faites-les blanchir à l'eau bouillante, ensuite à l'eau fraîche. Epluchez-les bien & les empotez dans une petite braise. Assaisonnez à l'ordinaire, & les faites cuire à petit feu.

Ayez une ou deux tortues à qui vous coupez la tête, & les faites cuire avec de l'eau & du sel, quelques oignons, fines herbes, clous & tranches de citron. Etant cuites vous levez la coquille & séparez les quatre membres que vous mettez dans une casserole avec le foye & les œufs qui s'y trouvent. Vous passez quelques champignons & truffes avec un pain de beurre & un bouquet.

Singez un peu & mouillez de jus & vin de Champagne. Laissez cuire doucement. Liez votre ragoût avec de la sauce à la carpe, ou sauce aux perdrix. Etant bien finie, mettez les tortues dedans & leur faites faire un bouillon. Dressez vos rameraux bien égouttés & ressuyés. Mettez votre ragoût dessus avec jus de citron.

On peut mettre les ramereaux à la braise, à la broche, à la poële & autres sauces différentes.

Du Tourterau ou de la Tourterelle.

Tourtereaux à la poële.

Entrée. PRenez une demi-douzaine de tourtereaux. Accommodez-les, préparez & finissez comme des pigeons à la poële.

Entrée. *Tourtereaux au fenouil.*

Ils s'accommodent de même que les ramereaux.

Tourtereaux à la Duxelle.

Prenez autant de tourtereaux *Entrée.* que d'écrévisses, & de la même grosseur, si cela se peut. Vuidez-les & les troussez. Faites une petite farce de foyes gras, lard rapé, des foyes de tourtereaux, persil, ciboules, échalottes, truffes hachées, sel, poivre, basilic, un jaune d'œuf, le tout bien haché & pilé que vous mettez dans le corps. Ensuite vous les arrangez dans une casserole avec des bardes de lard au fond, & les couvrez avec une petite tranche de jambon sur chacun, & des bardes de veau, & de lard par-dessus. Assaisonnez légerement, & faites cuire à petit feu. Etant cuits, vous les tirez à part dans une casserole avec leurs tranches de jambon. Faites cuire vos écrévisses dans la même casserole avec un verre de vin de Champagne, & un peu de bon consommé. Etant cuites, vous les égouttez & ôtez les petites pattes. Epluchez les grosses & la queue. Arrangez sur le plat un tourtereau & une écrévisse à côté l'un de l'autre, & les petites tranches de jambon dans le milieu. Otez les bardes & tout ce qu'il y a dans la casserole. Remettez-y un peu de blond de veau. Dégraissez, mettez jus de citron, & servez sur vos écrévisses.

Tourtereaux au restaurant.

Entrée. Accommodez vos tourtereaux comme pour la broche, avec une petite farce de leurs foyes. Lardez-les de petits lardons de lard & jambon assaisonnés à l'ordinaire. Foncez une petite marmite de bardes de lard. Arrangez-y vos tourtereaux & les assaisonnez de sel, poivre, clous de girofle, basilic. Mettez-y aussi des zestes de carotes & panais, navets & cellery. Recouvrez avec des bardes & morceaux de lard coupés bien minces. Faites-les suer sur des cendres chaudes & de la braise autour. Mouillez-les de bouillon de perdrix, ou autre bien consommé. Il en faut peu pour que cela soit bon. Laissez cuire à petit feu. Ensuite vous égouttez & passez le restaurant que vous mettrez dessus en les servant. Faites ensorte que cela soit doux & bien onctueux.

En général, on fait le même usage de la tourterelle que du pigeon selon le goût.

De l'Allouette ou Mauviette.

Salmis de Mauviettes.

Faites cuire à demi une douzaine de Mauviettes. Laissez-les refroidir, & enlevez tous les petits membres proprement. Mettez à part les foyes & les boyaux que vous écrasez & délayez avec

Hors-d'œuvre

du vin rouge, une pincée d'écha‑
lottes hachées bien menues, du
sel, du poivre, un peu d'eau ou
de bouillon. Faites bouillir un
moment & jettez vos mauviettes
dedans avec une larme d'huile,
un peu de chapelure de pain. En
finissant jus de bigarrade, & des
petits croutons de pain.

Mauviettes à la Genevoise.

Hors‑d'œuvre. Prenez des mauviettes bien fraî‑
ches que vous épluchez & flam‑
bez. Troussez les pattes & les vui‑
dez. Mettez dans une casserole
une demi‑bouteille de vin blanc,
truffes hachées, deux ou trois
champignons, un bouquet, du
sel, du poivre, deux verres de
consommé. Faites bouillir le tout,
& y mettez vos mauviettes, que
vous faites mijoter pendant une
demi‑heure. En finissant, vous
mettez un morceau de beurre ma‑
nié pour lier votre sauce, & jus
de citron.

Allouettes en caisse.

Vos allouettes étant plumées & vuidées, vous les passez dans une casserole avec deux pains de beurre, persil, ciboules, champignons hachés, sel, poivre, muscade, basilic. Mêlez un peu de farce avec les boyaux & les foyes de vos allouettes, le tout bien pilé, & quelques jaunes d'œufs. Garnissez le fond d'une caisse. Arrangez-y vos allouettes, & mettez par-dessus tout l'assaisonnement. Couvrez de bardes de lard, & faites cuire au four. Étant cuites, vous ôtez les bardes, dégraissez, mettez un peu de blond de veau, & servez.

Hors-d'œuvre.

Allouettes au parmesan.

Passez des champignons avec un peu de lard fondu. Singez & mouillez de jus & blond de veau, & vin de Champagne. Mettez-y vos allouettes vuidées & accommodées. Étant cuites laissez-les

Hors-d'œuvre.

refroidir. Mettez dans le plat un peu de parmesan rapé, & de mie de pain pour corriger la force du fromage. Arrangez vos allouettes avec des petits oignons cuits à la braise, que vous arrangez à côté. Mettez la sauce par-dessus & poudrez de parmesan & mie de pain. Faites prendre couleur & servez.

On met toutes sortes de volailles ou gibier au parmesan de la même façon.

Allouettes en coque.

Hors-d'œuvre.

Prenez des allouettes bien grasses que vous désossez le mieux que vous pouvez. Mettez dans le corps une petite farce, & les faites cuire à la braise. Etant cuites, vous les laissez refroidir. Prenez autant de coquilles d'œufs que vous vuidez sans casser le dessus. Mettez vos allouettes dedans avec un peu de salpicon fin, qui soit cuit. Recouvrez & soudez le dessus. Faites-les cuire dans un coquetier au bain-marie, & les servez sous une serviette.

Allouettes à l'Italienne.

Vuidez les, & les troussez. Pas- Entrée. sez-les dans une casserole avec un bouquet de persil, ciboules, quelques gousses d'ail, un pain de beurre, des champignons & truffes, si vous en avez. Singez & mouillez avec de bon bouillon, vin de Champagne, un demi-verre d'huile, sel & poivre. Laissez cuire à petit feu. Sur la fin vous dégraissez votre ragoût & le liez avec du blond de veau. Servez avec quelques croutons, & jus de citron.

Allouettes au fenouil.

Elles s'accommodent comme Entrée. les pigeons.

Allouettes à l'Espagnole.

Voyez les Faisans.

L'allouette étant cuite dans Entrée.

des bardes de lard, se met à plusieurs sauces.

Elle est excellente pour rôtir quand elle est bien grasse.

Des Grives.

LEs Grives servent ordinairement pour rôtir, mais on peut les servir pour entrée quand elles sont communes.

Grives à la Bourgeoise.

Entrée. Prenez des grives bien fraîches, plumées & troussées proprement. Attachez-les sur une petite hatelette, & les mettez à la broche. En cuisant mettez au bout d'un couteau ou hatelette, un bon morceau de lard. Mettez-y le feu & le faites dégoutter sur vos grives. Etant bien arrosées, poudrez-les de sel fin, & ensuite de mie de pain aussi bien fine. Otez-les de la broche. Mettez dans le plat que vous devez servir, un peu d'échalottes hachées bien menues,

nues, du sel, du poivre, un pain de beurre, un peu d'eau, & jus de citron. Mettez les grives dessus.

Grives à la Moscou.

Plumez vos grives & les troussez. Mettez-les dans une casserole avec du lard fondu, champignons & autres garnitures. Passez le tout mouillez d'eau-de-vie environ un demi-septier. Mettez-y le feu. Lorsqu'il est éteint, vous y mettez du jus & blond de veau. Achevez de faire cuire doucement, & les servez comme une compôte de pigeons. *Entrée.*

Les vanneaux & pluviers s'accommodent de même, & autre sauce selon le goût. *Entrée.*

Des Sercelles.

Sercelles aux truffes.

PLumez, vuidez & troussez comme le rouge ou le canard. Mettez dans le corps une petite farce légere, & les faites blanchir. *Entrée*

Embrochez-les, & ne les faites pas trop cuire. Servez avec un ragoût de truffes, & en mettez quelques-unes dans le corps.

Sercelles au jus d'orange.

Entrée. Accommodez-les comme ci-devant, & les faites cuire à la broche au trois quarts. Tirez-les & les mettez dans une casserole en les cizelant le long de l'estomac. Il en sortira du jus, dans lequel vous mettrez du sel & du poivre concassé, quelques rocamboles hachées, le jus d'une bigarrade, quelques zestes, & prenez garde que la sauce ne bouille. Servez chaud.

Sercelles aux olives.

Entrée. Accommodez-les, & les faites cuire à la broche, & jettez dessus un ragoût d'olives.

Sercelles à la broche.

Entrée. Etant cuites à la broche, vous les servez avec toutes sortes de ragoûts.

Filets de Sercelles aux anchois.

Faites cuire des Sercelles aux trois quarts à la broche. Levez-en les filets proprement, & les arrangez sur le plat avec un peu de parmesan dans le fond. Mettez un filet d'anchois sur chaque filet de sercelles. Arrosez le tout de blond de veau. Mettez dessus un peu de mie de pain & de parmesan. Mettez sur des cendres chaudes, & passez la pelle dessus. Et servez avec jus de bigarrade.

On accommode de même l'oiseau de riviere, le rouge, & le tiers. On peut les mettre à différentes sauces, ainsi que les oiseaux de cette espéce.

Des Perdrix & Perdreaux.

Perdreaux à la polonnoise.

PRenez deux ou trois perdreaux que vous habillez. Faites-les refaire & les troussez. Mettez dans le corps un morceau

Entrée.

O ij

de bon beurre, avec sel & poivre. Enveloppez-les de bardes de lard, & les faites cuire à la broche aux trois quarts. Ayez des échalottes, du persil, de la ciboule hachée bien menu, un peu de gingembre rapé, du sel, du poivre concassé. Maniez le tout avec un peu de mie de pain, & deux pains de beurre. Levez chaque menbre sans les séparer, & y mettez un peu de cet appareil. Mettez-les dans une casserole avec un peu de quinte-essence, un verre de vin de Champagne, du sel, du poivre. En finissant, jus de bigarrade & quelques zestes. Que la sauce soit courte & bonne.

Perdreaux à la Cogni.

Entrée. Prenez quatre jeunes perdreaux flambez & épluchez, troussez en dedans, applatissez-les bien, hachez les foyes que vous mettez dans une casserole avec un peu d'huile, persil & ciboule, échalottes hachées. Marinez les perdreaux dedans. Ensuite les enveloppez de papier avec tout leur assaisonnement. Faites-les griller à petit feu. Servez avec une sauce légere dessus & jus de bigarrade.

Perdreaux à l'Italienne.

Prenez une demi-douzaine de perdreaux dans la nouveauté. Plumez-les, & les troussez les genoux en dedans. Lardez-les de petit lard & jambon. Mettez dans le corps une petite farce de leurs foyes. Vous les mettez ensuite dans une casserole avec un bon verre d'huile, du sel, du poivre concassé, deux tranches de citron, du persil, de la ciboule, & échalottes hachées. Couvrez & mettez sur des cendres chaudes. Remuez de tems en tems. Etant cuits, vous les égouttez & jettez dans la casserole un verre de consommé, un demi-verre de vin

Entrée.

de Champagne, deux gousses d'ail piquées d'un clou, & un peu de blond de veau. Faites bouillir le tout pour le dégraisser. En finissant jus de citron.

Perdreaux à la carpe.

Entrée. Epluchez & flambez deux perdreaux de bon fumet. Mettez dans le corps une petite farce légere de leurs foyes. Bridez-les bien, & les faites refaire dans du lard fondu. Embrochez-les, & les couvrez de bardes de lard & de papier bien beurré. Faites-les cuire à propos. Etant cuits vous les dressez & servez dessus une sauce à la carpe, & quelques laitances, si vous en avez.

Perdreaux aux fines herbes.

Entrée. Plumez, flambez & vuidez deux ou trois perdreaux. Otez le brichet de l'estomac, & les applatissez sans casser les os. Mettez-les dans une casserole avec un verre d'huile, du sel, du poivre concassé, champignons, persil, échalottes : le tout haché bien menu, deux pains de beurre, & les foyes de vos perdreaux aussi hachés bien menus. Marinez-les, & les enveloppez dans un double papier, avec de l'assaisonnement à chacun. Faites-les cuire dans un four doux ou sur la cendre chaude l'espace d'une bonne heure. Otez le papier & les dressez sur le plat. Ramassez les fines herbes qui restent au papier. Mettez-les dans une casserole avec un peu de blond de veau ou autre sauce aux perdreaux, ou à l'Espagnole. Faites bouillir un instant : dégraissez & servez sur vos perdreaux.

Perdreaux en Galimafré.

Faites cuire vos perdreaux, le- Entrée. vez les membres proprement, & les arrangez dans le plat. Vous y mettez un peu d'excellent bouillon, poivre concassé, persil, ciboules, échalottes hachées. Couvrez le plat, faites bouillir un inſtant, mettez deſſus un peu de chapelure de pain, jus de bigarrade, & quelques zeſtes.

Perdreaux au bouillon.

Entrée. Faites-les cuire comme ci-devant, levez les membres, & les arrangez ſur le plat que vous devez ſervir. Mettez-y auſſi la carcaſſe avec une douzaine d'échalottes blanchies au trois quarts, deux verres de bon conſommé. Couvrez le plat & le mettez ſur des cendres chaudes l'eſpace d'un demi-quart d'heure, & ſervez doux.

Perdreaux en ſalmis.

Entrée. Faites cuire aux trois quarts des perdreaux de bon fumet, levez les membres, & les mettez dans une caſſerole bien couverte pour qu'ils ne ſéchent point. Faites bouillir les carcaſſes avec du blond de veau, un demi-verre de vin blanc, une gouſſe d'ail, quelques champignons entiers. Quand cela a pris le goût & la confiſtance qui convient, vous paſſez la ſauce ſur vos perdreaux, & les tenez chauds pour les ſervir au beſoin.

Perdreaux à la Mancelle.

Accommodez trois perdreaux comme pour entrée. Mettez-les trois foyes dans un ſeul perdreau que vous fermerez bien pour qu'il ne tombe pas dans la léchefrite. Faites cuire les perdreaux un peu plus qu'à moitié. Tirez-les de la broche & les mettez dans une caſſerole. Otez les foyes, & coupez les membres de vos perdreaux comme pour ſalmis, & les mettez dans une caſſerole. Hachez vos foyes bien menus avec une truffe, & de léchalôtte auſſi hachée, du ſel, poivre concaſſé, un verre de blond de veau, un demi-verre de vin de Champagne, une cuille-

Entrée.

rée d'huile. Faites chauffer le tout & mettez avec vos perdreaux. Faites bouillir l'espace d'un demi-quart d'heure, goûtez & servez, jus de citron.

Kneffes en Sultane.

Entrée. Ayez deux perdreaux de bon fumet, prenez-en les chairs. Otez bien tous les petits nerfs & les petits fibres. Faites-les piler ; ensuite repassez-les sur le dos d'une assiette pour voir s'il n'en reste pas. Remettez-les dans le mortier avec un morceau de bon beurre, gros comme la moitié du poing de mie de pain mollet, que vous aurez fait tremper dans du consommé à froid, & pressez-la avant de l'employer. Pilez bien le tout ensemble. Assaisonnez d'un peu de sel & poivre, un soupçon de muscade, deux jaunes d'œufs frais, & quatre blancs fouettés en neige le tout bien composé & de bon goût, un peu d'échalottes hachées une seule fois bien menu. Laissez-la reposer & refroidir. Ensuite vous en formerez des petites boulettes grosses comme le bout du pouce : arrangez-les dans le plat que vous devez servir. Faites un coulis léger avec les carcasses de vos perdreaux, à peu près ce qu'il en faut pour emplir le plat; délayez six jaunes d'œufs frais avec, & passez le tout à l'étamine. Voyez que cela soit doux. Mettez votre appareil dans le plat où sont les Kneffes, & faites prendre au bain-marie bien couvert, le tems qu'il faut pour prendre, & suffisant pour la cuisson des Kneffes qui bouffent & font leur effet. Servez chaud.

On fait des Kneffes de poulardes, poulets, lapins, faisans, & autres que l'on sert avec le consommé dans lequel ils sont cuits. On en fait en maigre de carpe, folle, ou autre poisson; c'est toujours la même composition. On les sert avec le consommé maigre ou autre sauce.

Perdreaux, sauce au foye.

Entrée. Mettez dans le corps de vos perdreaux un pain de beurre manié dans de fines herbes. Gardez les foyes. Faites cuire vos perdreaux à la broche. Pendant qu'ils cuisent, vous faites suer quelques petits zestes de veau & de jambon, oignons & panais. Quand cela est prêt à s'attacher, vous mouillez avec de bon consommé, & faites réduire au point d'une sauce. Passez-la au tamis de crin. Ecrasez vos foyes, avec gros comme le pouce de panais, & un peu de rocamboles. Remettez le tout dans votre sauce sans la faire bouillir, & la servez sur vos perdreaux.

Perdreaux aux truffes à la cendre.

Entrée. Preparez vos perdreaux comme pour les mettre aux fines herbes.

Vous les enveloppez dans le papier tout couvert de belles tranches de truffes, & les faites cuire dans la cendre à très-petit feu. Cela demande beaucoup de soin. Etant cuits, vous les retirez du papier, & servez garnis de truffes & de fines herbes, & un peu de blond de veau par dessus.

Perdreaux aux truffes.

Accommodez-les pour la broche avec une farce de leurs foyes & truffes hachées. Etant cuits, vous les servez avec un ragoût de truffes. — Entrée.

Salmis de perdreaux aux truffes.

Faites-les cuire comme ci-devant. Levez les membres & les arrangez dans le plat que vous devez servir. Faites chauffer sur des cendres chaudes, & jettez dessus un ragoût de truffes. Faites ensorte que la sauce soit bien blonde & ne soit pas trop liée. — Entrée.

Perdreaux à la bonne femme.

Entrée. Plumez, flambez, & les troussez en poule. Mettez-les dans une petite marmite avec quelques bardes de lard au fond, & bardes de veau. Recouvrez-les avec les mêmes choses, assaisonnez légérement de sel, poivre, clous, basilic, quelques zestes de carottes & panais. Mouillez d'un peu de consommé, & les faites cuire sur des cendres chaudes dans leur jus. Servez-les avec le restant ou le jus qu'ils auront rendu.

Perdreaux aux foyes.

Entrée. Faites cuire des perdreaux à la broche. Etant cuits & refroidis, levez l'estomac tout entier. Coupez la chair en filets avec des foyes gras blanchis, que vous coupez aussi en filets. Vous mettez le tout ensemble dans une sauce aux perdrix, ou sauce à l'Espagnole bien liée. Tenez chauds vos perdreaux dressez-les, & mettez vos foyes à la place de l'estomac.

Perdreaux à l'Espagnole.

Mettez dans le corps une petite farce, ou beurre manié dans de fines herbes. Faites les cuire à la broche, & les servez avec une sauce à l'Espagnole. *Entrée.*

Perdreaux en grenadin.

Prenez trois perdreaux épluchés & flambés. Désossez-les entiérement par le dos, & les remplissez d'un salpicon crud coupé en dez fait de la chair des perdreaux, quelques truffes & ris de veau, le tout bien nourri & assaisonné. Emplissez le corps de vos perdreaux, & les ficelez bien tout autour pour qu'ils soient ronds. Faites-les refaire dans du lard fondu, ensuite vous les piquez avec du menu lard. Faites-les cuire avec de bon bouillon, bardes de veau, un bouquet. Finissez-les comme les fricandeaux bien glacés. Ser- *Entrée.*

vez avec une sauce à l'Espagnole.

Les perdreaux en fricandeaux s'accommodent de même, excepté qu'ils ne sont point désossés.

Perdreaux en giblotte.

Entrée. Prenez six jeunes perdreaux, épluchez & troussez en poule. Piquez-les de moyen lard & petits lardons de jambon. Epluchez & faites blanchir de petits oignons blancs. Faites-les cuire à moitié dans l'huile. Mettez-les avec vos perdreaux dans une casserole avec une petite poignée de persil haché, un bouquet, deux gousses d'ail, du sel & du poivre. Mouillez avec de bon bouillon & un verre de vin de Champagne. Faites bouillir le tout jusqu'à parfaite cuisson. Sur la fin mettez-y quelques laitances de carpe si vous en avez. Achevez de faire cuire. Dressez vos perdreaux, les oignons & les laitances dessus. Mettez le jus d'un citron dans la sauce, & servez chaud. Il faut que la sauce soit légere & perlée.

On peut faire la même giblotte au blond au roux, en y mettant de la sauce à la carpe.

Filets de Perdreaux dans leur sauce.

Faites cuire à la broche deux Entrée. ou trois perdreaux de bon fumet. Etant cuits, vous les laissez refroidir. Enlevez les filets proprement, coupez-les minces, & les mettez dans une casserole. Pilez les carcasses que vous délayez avec du blond de veau, & les passez à l'étamine. Mettez cette sauce dans vos filets. En finissant jus d'orange.

Côtelettes de Perdreaux rouges à la Sainte Lucie.

Ayez des perdreaux jeunes gros Entrée. & de bon fumet, quatre feront huit côtelettes; il faut les éplucher proprement, lever les aîles, ôter bien la peau de dessus & les parer proprement. Désossez l'os qui forme l'aîle jusqu'à la jointure que vous ôtez. Cassez le bout, & fourez dans le gros de l'aîle. Laissez-en sortir un peu comme une côtelette de mouton. Faites mariner vos côtelettes dans un peu de beurre & d'huile, sel, poivre, légérement ; ensuite vous les panez avec de la mie de pain très-fine. Vous les faites griller doucement ; il ne faut qu'un moment pour les cuire ? il faut qu'elles ayent belle couleur. La sauce se fait avec la carcasse & du bon consommé. Les cuisses qui vous restent peuvent former une autre entrée avec quelques garnitures. Les côtelettes de pigeons se font de même, de faisans, perdreaux gris & autres.

Vieille Perdrix à l'Espagnole.

Entrée. Plumez, épluchez & troussez en poule. Faites-les refaire, & les piquez de gros lardons bien assaisonnés. Ficelez-les, & les faites cuire dans une bonne braise, bien nourrie de tranches & autres ingrédiens ordinaires. Etant cuites, vous les faites égoutter, & servez dessus une sauce à l'Espagnole.

La perdrix se peut servir avec telle sauce que l'on veut.

Hachis de Perdrix.

Faites-les cuire à la broche. Otez en la peau, & en levez toute la chair, excepté celle des cuisses, parce qu'elle est trop nerveuse. Hachez-la avec un morceau de mouton, soit gigot, filet ou épaule cuite à la broche. Mettez le tout dans une casserole. Faites bouillir les carcasses. Si le fumet est fort, ne mettez qu'une carcasse avec du blond de veau pour lui faire prendre le goût. Passez à l'étamine, & mettez-le dans votre hachis avec un pain de beurre manié. Faites chauffer votre hachis, goûtez, & servez garnis de croutons de pain frits dans l'huile.

Hors-d'œuvre

Perdreaux au beurre.

Entrée. Prenez deux ou trois perdreaux, que vous préparez à l'ordinaire. Faites-les cuire à la broche. Etant cuits, vous les dressez sur le plat, & mettez dans une casserole deux ou trois pains de beurre, avec un peu de sel, poivre, muscade, deux tranches de citrons, un peu de farine délayée avec du blond de veau bien léger. Tournez la sauce sur le feu, ôtez les deux tranches de citron, pressez le jus dans votre sauce sans la faire bouillir, & servez sur vos perdreaux.

Pain de Perdreaux.

Hors-d'œuvre. Prenez un pain d'une livre bien fait & sans bésure. Otez-en toute la mie par-dessous. Faites-le sécher, & le frottez de lard fondu, & y semez un peu de sel fin. Faites-y entrer un hachis de perdrix bien fait. Mettez votre pain dans une casserole bien chaude & le renversez sur la croute de dessus.

Ayez un salmis de perdreaux bien fait & de bon goût. Dressez votre pain sur le plat que vous devez servir. Faites-le un peu attacher, & dressez votre salmis dessus. Servez chaud.

Les perdreaux étant cuits à propos à la broche, se mettent à diverses petites sauces, coupés par moitié ou par membres.

Perdreaux à la rocambole.

Vos perdreaux étant cuits à la broche avec une petite farce légere dans le corps, vous ferez blanchir une petite poignée de rocamboles bien épluchées, ensuite vous les ferez cuire dans des bardes de lard. Pour les servir, vous les ferez égoutter, & les mettrez dans une casserole avec un peu de coulis. Faites bouillir un peu. Dégraissez & servez sur vos perdreaux. On peut les mettre de même dans du consommé avec la moitié d'un pain de beurre ma-

Entrée.

nié dans de la farine, & si vous coupez les perdreaux par membres, vous mettrez la carcasse dans la sauce pour lui donner le goût.

De la Caille.

Cailles au laurier.

Entrée. PRenez autant de cailles qu'il en faut pour faire une entrée. Étant plumées & flambées, vous les faites refaire. Vous les vuidez & fendez par le dos. Faites-les mariner un peu dans du lard fondu, sel, poivre, & quelques feuilles de laurier sur des cendres chaudes. Faites-les griller, & les panez à mesure qu'elles cuisent avec de la mie de pain bien fine. Etant cuites, vous les servez avec un peu de blond de veau, dans lequel vous aurez fait infuser un peu de laurier.

Vous pouvez les faire cuire dans des bardes de lard, & les servir avec la même sauce.

Cailles en crépines. — Entrée.

Faites cuire des cailles, jeunes & tendres, dans une petite braise légere. Faites-les égoutter, & coupez des oignons blancs bien minces que vous passez sur le fourneau avec du lard fondu à très-petit feu, pour qu'ils ayent le tems de cuire, & qu'ils ne brûlent pas. Laissez-les refroidir, & mettez dedans gros comme le poing de lard rapé, sel, poivre, fenouil haché, & deux jaunes d'œufs. Maniez bien le tout ensemble. Etendez des morceaux de crépine blanche sur une serviette. Mettez de votre appareil dessus, & un peu dans le corps de la caille. Vous la posez sur votre crépine. Mettez à chaque, deux ou trois filets d'anchois bien lavés. Remettez de l'appareil par-dessus. Recouvrez le tout avec votre crépine, & panez d'une légere mie de pain. Faites prendre couleur au four ou sur une tourtiere. Dégraissez & servez avec un peu de blond de veau.

Cailles à l'appetit.

Entrée. Accommodez-les, & les faites refaire. Fendez-les par le dos, & y faites entrer de l'oignon passé comme ci-devant, & beaucoup de filets de harengs-sors les plus nouveaux que vous pourrez trouver. Couvrez-les d'une crépine double, & les faites cuire au four à petit feu. Etant cuites, vous ôtez la crépine, & servez avec jus de bigarrade, ou autre petite sauce.

Cailles à la poële.

Entrée. Plumez, flambez, vuidez, & les fendez par le dos. Mettez dans le corps une petite farce légere de leurs foyes avec quelques foyes gras. Frottez une casserole de lard rapé. Arrangez-y vos cailles l'estomac dessous. Assaisonnez de sel, poivre & fines herbes. Couvrez

vrez-les avec autant de petites tranches de jambon bien battues, bardes de veau, & une ou deux bardes de lard. Couvrez-les avec un couvercle & une serviette par-dessus. Faites ensorte que la fumée n'en sorte point. Mettez-les sur des cendres chaudes, & beaucoup de feu dessus pendant une heure & demie. Retirez-les du feu, & ôtez toute la viande. Faites-leur prendre couleur dans leur restaurant, & les servez avec une sauce à la poële.

Ou bien vous mettez dans le restant de la glace un peu de bouillon & blond de veau que vous faites bouillir. Dégraissez & jettez sur vos cailles, avec jus de citron.

Cailles à l'étuvée.

Prenez des cailles bien épluchées, troussez les pattes en dedans. Ayez des petits oignons blanchis, faites un petit roux avec

Entrée

un peu de beurre & de farine. Faites-y cuire vos petits oignons à moitié. Mouillez avec du vin de Bourgogne, & de la sauce à la carpe ou autre sauce. Mettez-y un bouquet de persil, ciboules, clous, basilic & laurier. Mettez-y vos cailles avec sel, poivre, laitances de carpe. Faites bouillir jusqu'à parfaite cuisson. En finissant une pincée de capres hachées avec un anchois, un petit filet de vinaigre. Garnissez de croutons, & servez.

Autres Cailles à l'étuvée.

Entrée. Faites cuire vos cailles troussées comme ci-devant, dans une petite braise. Mouillez de vin de Champagne, & y faites cuire vos oignons & toute autre garniture. Quand cela est cuit, égouttez & dressez sur le plat que vous devez servir avec les oignons, laitances, écrévisses, croutons de pain frit, & masquez avec une sauce à la carpe.

Matelotte de Caille.

Vous la composez de même *Entrée.* que l'étuvée. Cependant vous pouvez y mettre d'autres ingrédiens, comme petites saucisses, artichaux, cervelles de veau ou d'agneau, & grosses crêtes, avec une sauce à la carpe.

Cailles aux truffes.

Vous les accommodez de même *Entrée.* que les perdreaux. Vous les faites cuire à la broche, à la braise, dans de fines herbes ou bardes de lard. Vous égouttez, & servez avec un ragoût de truffes, & vous en mettez dans le corps avec la petite farce.

Timbale de Cailles.

Faites un ragoût de cailles com- *Entrée.* me vous feriez une compôte de pigeons au roux. Laissez-le refroidir. Foncez une poupetonniere d'une pâte brisée à l'huile. Faites l'abbaisse assez grande pour qu'elle enveloppe tout, & qu'elle forme la timbale. Mettez votre ragoût dedans, & recouvrez par-dessus le plus proprement que vous pourrez. Faites cuire au four l'espace de trois quarts d'heure à petit feu. Renversez-la dans le plat. Faites un petit trou au milieu pour l'humecter d'un peu de blond de veau, & servez chaud.

Vous pouvez faire des poupetons de caille, comme de pigeons; & des grenades de cailles, de même que celles ci-devant.

Cailles en surtout.

Entrée. Faites-les cuire à la braise, & les mettez dans un ragoût de ris de veau, crêtes, truffes, champignons, mousserons & autres garnitures. Votre ragoût étant fait & bien lié, vous les dressez dans un plat avec une farce fine & liée que vous étendez dessus, le plus mince & le plus uni que vous pourrez. Dorez avec des œufs, panez légerement, & faites prendre couleur au four, ou sous un couvercle de tourtiere. Dégraissez & servez chaud.

Cailles à l'estoufade.

Elles s'accommodent de même Entrée. que les perdreaux à la bonne femme.

Cailles au gratin.

Faites-les cuire à la braise avec Entrée. une farce légere de foyes gras dans le corps, dont vous garderez un peu pour faire le gratin. Vous pouvez y mettre un peu de fenouil. Faites votre gratin au fond du plat, dressez vos cailles dessus. Faites un peu attacher. Etant attachées & dégraissées, vous servez dessus un peu de blond de veau avec jus de citron.

Cailles au fenouil.

Accommodez vos cailles pro- Entrée. prement avec une petite farce dans le corps. Troussez-les & pas-

P iij

sez une brochette dans les cuisses pour les rendre plus rondes. Mettez-les dans une casserole avec des bardes de lard dessous, & quelques branches de fenouil. Recouvrez-les comme une braise, & les faites cuire de même à petit feu. Retirez-les, & les essuyez avec du linge blanc. Otez tout ce qui est dans votre casserole, & y mettez un peu de blond de veau & du consommé. Faites bouillir un peu, dégraissez, égouttez & passez la sauce sur vos cailles.

Cailles à la Duxelles.

Entrée. Préparez les cailles comme ci-devant, mettez-les dans une casserole avec autant d'écrévisses que de cailles qui soient belles, ôtez leur simplement les petites pattes & la pointe des grosses. Couvrez bien votre petite braise & l'humectez d'un peu de bon consommé. Cela étant cuit à propos, vous tirez l'un & l'autre, & dressez sur le plat que vous devez servir. Passez au tamis le restant de la cuisson avec un peu de blond de veau ; le tout bien dégraissé. Masquez vos cailles & les servez chaudement & proprement. Vous pouvez les mettre dans une sauce à la poële.

Cailles aux choux.

Faites-les cuire dans une petite braise avec de petits quartiers de choux, & petit lard, & les servez avec du blond de veau. Ceci est bon quand elles sont vieilles. Entrée.

Le cailletau s'accommode de même à tout ce que l'on veut.

Il y a bien d'autre petit gibier que l'on peut employer à faire des hors-d'œuvres. Entrée.

CHAPITRE XI.

Du Rôti.

Quoique l'usage apprenne ordinairement ce qu'on peut servir pour rôti, cependant il y a un choix à faire dans chaque saison de l'année. C'est pourquoi il est à propos d'en faire une table qui en donne une idée générale.

Depuis Pâques jusqu'à la Saint Jean.

La Poularde nouvelle.
Les Poulets de grains.
Les Dindonneaux.
Les Poulets aux œufs.
Les Poulets à la Reine.
Les Oisons, Cannetons & Cannetons de Roüen.
L'agneau.
Les Pigeons de voliere & autres.
Les Ramereaux.

Les Levreaux, Lapins, & Lapreaux.
Le franc Marcassin.
Les Perdrix & vieux Faisans.
L'Ortolan.

Depuis la Saint Jean jusqu'à la Saint Remy.

La Poularde.
Les Poulets gras, à la Reine & de grain.
Les Pigeons de toutes espéces.
Les Perdreaux.
Les Ramereaux.
Les Tourtereaux.
Le Faisandeau.
Le Cailleteau.
Le Levreau.
Le Marcassin.
Le Poulet dinde.
Le Chaponneau.
Le Dindon gras.
Les Grives.
Le Becfique.
L'Ortolan.
Le Chevreau.

L'Oison gras.
Le Coq vierge.
Le Râle.
Et le Guignart.

Depuis la Saint Remy jusqu'au Carême.

La Poularde grasse.
Le Chapon gras, & Palier, & de Bruge.
Le Coq vierge, & de Bruyeres.
Les Poulets gras, à la Reine & autres.
La Poule de Caux.
La Gelinotte.
Le Dindon gras, & autres.
Les Pigeons Cochois, Romains & autres.
L'Agneau.
Les Levreaux, Lapins & Lapreaux.
Les Perdreaux, Perdrix & Perdreaux rouges.
Les Becasses, Becassines & Becots.
La Bertavelle.

La Rouge-gorge.
L'Alloüette.
Les Canards sauvages & Barbo-
 teux.
La Poule d'eau.
Le Rouge.
La Sarcelle,
Le Tiers.
Le Pluvier.
Le Vaneau, & quantité d'autres
 petits oiseaux qui se trouvent
 dans l'hyver.
Le Grianneau.
L'Outarde & l'Outardeau.
Le Cochon de lait.
Le Chevreau.
Le Din.
Le Sanglier.
Le Chevreuil.

Dans l'Automne & dans l'Hy-ver on trouve communément des crêtes, des foyes gras, des aîlerons de Poularde, de Dindon, de ris d'Agneaux, des petits œufs, des langues de Canards, des langues d'Oyés, des pattes & autres abbatis différens, qui servent à garnir, & faire quantité de jolis Hors-d'œuvres.

Façon d'apprêter le Rôti.
La Poularde.

VOus faites une incision sur le col pour lui ôter la poche. Vous séparez la peau de la poche, & glissez vos doigts jusques dessous le brichet de l'estomac, & vous coupez le boyau qui tient la poche, & vous vuidez le reste par le côté en faisant une petite incision, & vous tirez tout ce qu'elle a dans le corps. Prenez garde de déchirer les boyaux en les tirant. Ensuite vous tirez le gisier & le foye, s'il est gras, sans écraser l'amer, ni déchirer le foye. Pour le tenir frais, vous l'enveloppez de sa graisse.

Quand la poularde est vuidée, vous lui coupez le boyeau culier,

Vous faites revenir votre poularde sur de la braise, d'abord sur le dos, ensuite sur les côtés, & enfin sur l'estomac. Etant refaite par tout également, vous l'essuyez bien, ensuite vous l'épluchez & la ficelez sur les cuisses, & la bardez ou piquez de menu lard. Vous passez une brochette au travers des cuisses le plus bas que vous pourrez. Il ne faut qu'une petite demie heure pour la faire cuire à feu égal. Quand vous voyez qu'elle pousse de petites fusées de jus & de fumée, c'est une marque qu'elle est bien-tôt cuite. Panez-la d'une mie de pain bien fine. Faites-lui prendre couleur & servez.

Toute la volaille s'accommode de même.

Vous faites de même à la poule de Caux, & au Chapon.

Les poulets gras & autres, s'accommodent de même, excepté

qu'on les vuide par le derriere.

Il ne faut point tuer la volaille qu'après avoir été un certain tems sans manger.

Dès qu'elle est plumée, vous tirez les boyaux de peur qu'en la gardant elle ne prenne un mauvais goût. Il ne faut jamais l'empailler chaude, ni l'enfermer de peur qu'elle ne prenne un mauvais goût.

Le dindon s'accommode de même. Après lui avoir ôté les boyaux, il faut lui battre l'estomac, lui coucher les pattes sur le ventre, & le mettre mortifier dans un lieu frais, le dos exposé à l'air; on fait de même à toute la volaille, il ne faut pas qu'elle soit trop mortifiée, cela la séche & lui ôte le goût.

On connoît la qualité de la volaille tendre, premierement, un poulet doit avoir la chair blanche & fine, & bien ramassée; un poulet gras de même, une poularde de même, la crête petite, les pattes d'un petit gris cendré, & la peau fine, les onglets courts & blancs; le Chapon de même, les ergots petits, la poule de Caux de même sûr l'arriere saison, il faut prendre garde qu'elle n'ait pas pondu, ce qui se voit quand elles ont le derriere bordé, vermeil & bien ouvert. Le dindon & dindonneau se connoissent de même. Au reste, la grande pratique apprendra à la connoître plus parfaitement.

Pigeons de voliere.

Etant frais levés de dessus le pere & la mere, vous les tuez & les plumez, vuidez, épluchez, & refaites sur la braise, ou les flambez sur un fourneau. Vous leur coupez les ongles, le col & les aîles. Ayez une brochette de fer ou de bois. Vous prenez autant de bardes de lard, & de feuilles de vigne dans le tems. Vous embrochez d'abord la barde, ensuite la feuille, puis le pigeon, que la brochette passe bien dans les deux cuisses, & vous ramenez votre barde de dessous dans la broche, & ensuite celles de dessus. Observez que les bardes soient épaisses & ne soient pas nerveuses. Vous passez une ficelle le long de la brochette par-dessus les pigeons. Vous les attachez à la broche & les faites cuire. Sur la fin, vous panez d'une mié de pain bien fine. Faites prendre couleur, & servez.

Les autres pigeons demandent un peu de mortification, mais dès qu'ils sont tués, il faut les battre, leur ôter la poche & les boyaux, de peur qu'ils ne se corrompent. On les pique & les fait cuire comme les autres viandes.

Le Ramier & le Ramereau

s'accommodent de même. Le Tourtereau de même.

Les meilleurs pigeons de voliere, sont ceux qui sont pris sous le pere & la mere, ce qui se voit quand ils ont la chair fine & blanche, & qu'ils sont bien ronds, au lieu que les autres pigeons de voliere ont la peau plus grossiére & sont plus allongés & ne viennent jamais si blancs que les autres. Les autres espéces de pigeons doivent avoir la chair fine & grasse.

Les Ramereaux & les Tourtereaux, la chair noire, grasse & fine, & les onglets courts.

L'Agneau.

L'Agneau est bon à rôtir après trois jours de mortification ou plus, selon le tems où vous piquez, ce qui s'appelle rôt de bife. Pour cet effet, vous le coupez proprement, & attachez la peau avec de petites brochettes, vous le faites refaire sur la braise en le tenant en l'air, & l'humectez avec de l'eau tiéde. Etant blanchi, piquez-le de moyen lard, & le faites cuire. Vous le couvrez de bardes de lard sur le flanc & de papier par-dessus. Il lui faut une heure & plus pour qu'il soit bien cuit, le tout à petit feu.

En général toute viande de lait veut être bien cuite.

Vous accommodez l'agneau entier de même, ainsi que le quartier de devant que vous ne piquez point. Vous mettez seulement une barde dessus. Etant cuit, vous le panez de mie de pain, sel & poivre, & vous le servez avec une sauce verte. (Voyez à l'article des sauces.) L'agneau se connoît à la chair blanche & grasse.

Canards & autres.

Les canards & canetons de Roüen, les oiseaux de riviere,

sercelles & autres oiseaux de cette espéce ; étant vuidés, vous troussez les pattes tournées en dedans, & les mettez à la broche après les avoir flambés & refaits si on veut. Il faut peu de tems pour les cuire. On fait la sauce en les mangeant.

Le canard se connoît à la finesse de la chair, & la blancheur de la peau, ainsi les oisons & autres.

Faisans & autres.

Le faisan ou Faisandeau étant plumé, vous le vuidez, bridez, ficelez & faites refaire sur la braise. Vous le piquez de menu lard & le mettez à la broche avec une barde de lard mince sur le dos, & l'enveloppez de papier. Etant cuit, vous lui faites prendre belle couleur, & servez proprement.

Les Perdrix, Perdreaux rouges & gris, s'accommodent de même ainsi que les Bertavels, il faut les arroser le moins que l'on peut, parce que cela ôte le fumet, &

surtout prendre garde de ne point faire trop cuire toutes les différentes sortes de gibier.

Le Guignard s'accommode & se sert comme tout autre gibier. Le Faisan jeune se connoît aux pattes, griffes & point d'argots. Le Coq a des plumes rouges & la femelle est grise ; il faut qu'ils soient gras & pleins tous les deux.

Becasses, Becassines & Becots.

Vous les plumez, & troussez les pattes en les tournant. Vous passez le bec au travers des cuisses ; ce qui leur sert de brochette. On ne les vuide point, on les pique & on les met à la broche. Vous les faites cuire à propos, & servez avec des rôties de pain.

Les Grives, Pluviers & Rameaux s'accommodent de même.

La Caille & Cailleteau.

Vous la plumez & la refaites sur la braise, vous l'épluchez & la bardez comme les petits pigeons de voliere, & les faites cuire de même, on peut se passer de la refaire, parce que cela lui fait fondre sa graisse.

La Caille ou le Cailleteau jeune se connoissent à la chair fine.

Le Perdreau jeune, se connoît aux pattes grises, & le bout de la derniere plume de l'aîle pointue, au lieu que la vieille l'a ronde; le perdreau rouge jeune, a un peu de blanc au bout de l'aîle, la vieille n'en a point, & est toute ronde.

Oyes sauvages & autres.

Etant mortifiées, vous les vuidez, troussez & refaites. Vous les mettez à la broche, & les faites prendre couleur.

On peut leur mettre dans le corps une farce de leurs foyes & chair de saucisse, marons & autres, & vous les panez de mie de pain.

Les oisons s'accommodent de même.

Allouettes ou Mauviettes.

Les plus grasses & les plus fraîches sont les meilleures. Vous les plumez, troussez & piquez d'un lard très-menu. Vous les embrochez avec une brochette de bois ou de fer. Vous mettez sur le dos un papier beurré, & les servez avec de petites rôties dessous. On peut les accommoder comme les petits pigeons ou cailles, & ne point leur tourner les pattes, elles en seront plus rondes & mieux faites. Quand elles sont grasses, sans les barder, vous les trempez dans des œufs battus & les panez, vous les embrochez & les faites cuire comme les autres, ou comme des ortolans.

Les Becfiques étant plumés, vous leur coupez la tête & les pieds, les bardez comme l'allouette.

Les Rouges-gorges s'accommodent de même, ainsi que les Râles.

Ortolans.

Epluchez-les bien, coupez les bouts des pattes, ôtez les yeux, & attachez-les sur une petite brochette plate ou hatelette d'argent. Attachez sur une broche, & mettez au feu après les avoir flambés légérement. Ayez des blancs d'œufs un peu fouettés. Jettez-en sur vos ortolans. Quand ils auront belle couleur, vous les tirerez & servirez proprement.

Vous pouvez les barder & les faire cuire comme des cailles. Les plus pleins & les gras sont les meilleurs, on en trouve presque toujours à Paris.

Liévres & Lévreaux.

Le Liévre quoique vieux peut être bon rôti. Pour cet effet vous le dépouillez & le refaites sur la braise. Vous lui cassez les os du milieu des cuisses. Vous lui ôtez encore deux peaux jusqu'à la chair. Vous le piquez de petit lard, & le marinez pendant une heure avec du vinaigre, un tiers d'eau, sel, poivre, clous, tranches d'oignon, & un bon morceau de beurre. Vous l'embrochez & l'arrosez de sa marinade, & servez avec une poivrade.

Le Levreau se pique & se met à la broche, vous le servez de même avec une poivrade, surtout qu'il soit bien dans son jus, c'est-à-dire pas trop cuit.

Le Lapreau étant dépouillé & refait, vous le piquez & l'embrochez. Il ne faut l'arroser qu'une seule fois de peur que cela ne lui ôte le fumet.

Le Lévreau se connoît aux pattes de devant à un certain nœud qui se trouve dans la jointure quand ils sont jeunes, & quand ils font vieux il est descendu, le Lapreau de même.

Le Chevreuil.

Vous le dépouillez proprement quand vous voulez le servir entier. Vous le refaites légérement sur la braise, ou bien vous lui ôtez la premiere peau & troussez les pieds de devant en dedans. Vous laissez ceux de derriere de leur longueur comme aux Levreaux. Vous les faites piquer & mariner avec vinaigre, quelques tranches d'oignon, sel & poivre. Vous les faites cuire à la broche & les couvrez de bardes de lard dessous, & de papier beuré sur le lard. Vous les servez avec poivrade liée. Observez qu'il faut qu'ils soient bien cuits. Vous faites de même de toute autre viande noire sauvage, & apprêtez de même.

Le Marcassin veut être dépouillé de sa peau jusques sur le col.

Vous le piquez de menu lard, vous le faites cuire, & servez de même. Il faut qu'il soit un peu mortifié & le bien faire cuire.

Suivant l'espece de la bête on doit la laisser mortifier à propos, parce que souvent faute de ces sortes de précautions on risque de manger dure celle qui devroit être tendre, ce qu'il faut observer ici à toute la volaille-gibier que l'on sert pour le rôti. Car il est bien aisé de voir que tel qui voudra manger un bon poulet gras, s'il le mange le matin ou le soir du même jour qu'il a été tué, il sera dur, au lieu que ce même poulet qui aura deux jours sera excellent & tendre. Pour le premier on dira, à le voir cuit, voilà un bon poulet, & quand on le mange, c'est dommage qu'il soit dur : & pour l'autre on dira : voilà un bon poulet bien délicat, bien tendre, & mangé bien à point.

L'on doit obferver que la poulette eſt préférable au coq pour la délicateſſe, il en eſt de même de toute la volaille-gibier.

CHAPITRE XII.

Des différens uſages qu'on peut faire des graines, légumes, & racines de toutes eſpéces.

Du Ris.

LE Ris vient ordinairement dans les pays chauds, comme dans l'Italie, le Piémont, en Turquie & autres lieux. On en fait même de la farine dans ces Pays. On peut en faire à Paris.

Ris meringué.

Faites crever & cuire du ris à l'ordinaire; enſuite mettez-y du ſucre, de la fleur d'orange grillée; pilez deux macarons écraſés, dressez sur le plat que vous voulez servir ; couvrez le dessus avec des blancs d'œufs fouettés, un peu de sucre. Faites prendre couleur avec un couvercle de tourtiere, & servez chaud.

Le ris marbré se fait avec un caramel dans le fond du plat, qui se porte sur les bords ; le ramassant avec la pointe du couteau, dans le milieu forme le marbre.

Ris au safran.

Faites cuire le ris avec de bon bouillon à petit feu ; avant de servir vous y mettez du bouillon de safran ce qu'il en faut pour lui donner le goût & la couleur.

Ris au lait.

Etant bien lavé & nettoyé dans cinq ou six eaux, jusqu'à ce que l'eau soit claire, vous le ressuyez & le faites sécher. Vous le mettez dans le vaisseau où vous voulez le faire cuire. Pour un quarteron de ris il faut une pinte de lait. Vous faites bouillir le lait & le jettez sur votre ris. C'est-à-dire, que vous en mettez d'abord la moitié avec le ris, vous le couvrez & le mettez sur des cendres chaudes pendant une heure. Ensuite vous remettez l'autre chopine de lait, & faites cuire à petit feu. Quand il est presque cuit, vous y mettez un peu de sel & de sucre.

Entrée ou Entremets.

Ou bien vous mettez le ris bien sec dans le lait tout bouillant. Couvrez bien le vaisseau ensorte que l'air n'y entre pas, & le mettez entre deux matelats; le tout bien couvert & bien étouffé. Au bout de cinq ou six heures vous trouverez votre ris cuit à propos.

On fait de la farine de ris en le faisant bien sécher, le pilant & le passant au tamis fin. Elle sert à faire des crêmes de ris, beignets & autres.

L'on fait du ris au bouillon de lapin, de faisans, perdrix & au bouillon d'écrévisses & autres. Il faut toujours que le ris soit bien cuit & bien moëlleux. J'ai marqué au Chapitre des potages la façon de faire du ris aux écrévisses, aux blancs & autres.

Ris glacé.

Entremets. Epluchez-le & le lavez dans plusieurs eaux tiédes. Vous le faites blanchir dans de l'eau bien chaude. Faites-le égoutter, & le faites cuire avec du lait que vous aurez fait bouillir auparavant. Quand il est cuit & bien moëlleux ; vous y mettez un peu de sucre & de sel. Vous faites un petit caramel avec un peu d'eau & de sucre. Lorsqu'il est de belle couleur, vous y mettez votre ris, & le remuez bien partout. Ensuite vous le glacez, & servez chaud.

Vous faites de la bouillie de même.

On peut dresser le ris dans le plat, & le couvrir de blancs d'œufs fouettés. Vous poudrez de sucre & glacez. *Entremets.*

Ris au bouillon de navets.

Faites blanchir à l'ordinaire, & le faites cuire avec du bouillon de navets : en finissant un coulis de navets bien léger. *Potage.*

La Semouille.

Vous trouverez la façon de l'apprêter à l'article des potages.

Le Gruau.

Le meilleur vient de Bretagne. Il est fait de farine d'avoine, & sert à rafraîchir.

Le Géniévre.

C'est une petite graine qui vient du Perou, dont l'odeur est assez agréable. On s'en sert à la cuisine dans certains cas. On s'en sert à faire de la boisson & autre.

Lentilles.

Il y en a de deux ou trois sortes. Les unes sont blanches, les autres jaunes. Il y en a de grises ou rougeâtres. Il y a encore les petites lentilles à la Reine. Il en vient d'Auvergne qui sont excellentes pour le goût. On trouvera à l'article des potages la façon de les employer en purée.

Lentilles fricassées.

Entrée. Vous les faites cuire dans l'eau. Ensuite vous hachez de l'oignon bien menu, & le faites roussir sur le feu dans du beurre avec un peu de farine. Vous tournez toujours avec une cuillere de bois afin que cela ne s'attache point à la casserole. Ensuite vous y mettez vos lentilles, sel, poivre, branche de sarriette. Faites mijotter doucement. Quand elles ont pris goût, & qu'elles sont fricassées, vous ôtez la sarriette & y mettez une pointe de vinaigre si vous l'aimez.

Lentilles à la Reine, en ragoût.

Etant épluchées vous les trempez à l'eau tiéde, & les faites cuire dans une petite marmite avec un bouquet de deux clous, & de sarriette & du bouillon. Etant cuites, vous les faites égoutter & les jettez dans une casserole avec du blond de veau ou coulis maigre. Faites mijotter & servez. *(Hors-d'œuvre.)*

Lentilles à l'huile.

Etant cuites & égoutées vous les mettez dans un vaisseau avec sel, poivre, de l'huile, du vinaigre, un peu de persil haché bien menu. Remuez bien le tout pour que l'huile ne paroisse point. Garnissez de petits croutons frits, & de fourniture de salade hachée bien menue, ou autre chose si vous le jugez à propos. *(Hors-d'œuvre.)*

Orge mondée d'Hollande.

Prenez de l'orge mondée d'Hollande bien saine, la quantité qu'il en faut pour un potage. Lavez-la bien & la faites blanchir un bouillon. Faites-la cuire avec d'excellent bouillon. À mesure qu'elle s'épaissit, il faut y mettre du bouillon jusqu'à ce qu'elle soit bien cuite.

On peut la mettre en potage, gras ou maigre.

On fait le même usage du millet mondé que du ris.

Pois nouveaux.

Entremêts. Les premiers ne sont pas les meilleurs. Les pois quarrés ou à la grosse écosse, sont excellens. Dès qu'ils sont cueillis il faut les employer plutôt que vous pourrez. Etant lavés & égouttés, vous les mettez dans une casserole avec d'excellent beurre, un peu de sel, deux ou trois petits cœurs de laitue, un bouquet de persil & ciboule, dans lequel vous mettrez un peu de sarriette & deux clous de girofle. Faites-les cuire sur des cendres chaudes bien couvertes en les remuant de tems en tems sans les mouiller. Etant presque cuits vous les goûtez & remettez la moitié d'un pain de beurre manié dans la farine. Etant cuits, vous les servez avec courte sauce. De cette façon, vous mangez les pois dans leur suc & leur vrai goût.

Quand les pois commencent à être durs on peut les mouiller d'un peu d'eau, & y mettre gros comme une noisette de sucre sans farine ni liaison.

Ragoût de pois.

Etant lavés & égoutés, vous les mettez dans une casserole avec de bon beurre ou lard fondu, un bouquet comme ci-devant. Vous les passez doucement & longtems sur le feu. Ensuite vous les singez avec un peu de jus & blond de veau. Achevez de les faire cuire, & vous en servez à ce que vous aurez besoin.

Entrée.

Petits pois à la crême.

Entremets. Vous les passez sur le feu avec les mêmes ingrédiens que ci-devant. Etant presque cuits, vous les mouillez d'excellente crême. En finissant vous mettez un demi pain de beurre manié, & servez.

Pois au lard.

Entremets. Prenez du petit lard bien sain & entre-lardé, que vous coupez par morceaux en travers gros comme le pouce. Faites-les blanchir, & les mettez dans une casserole pendant une demi-heure sur un petit feu. Mettez-y vos pois & les remuez souvent. Si vous voulez de la sauce, vous les singerez un peu & mouillerez avec de l'eau, du bouillon ou du jus. Achevez de faire cuire, & garnissez de croutons.

Pois secs.

Entremets. Ils servent à faire les bouillons maigres & purées.

Il y a une espece de pois sans

parchemin qui viennent dans les jardins, dont on mange l'écoſſe. Quand ils ſont bien épluchés, vous les faites cuire dans l'eau. Enſuite vous les faites égoutter, & fricaſſez comme les autres. Vous les mouillez un peu, & y faites une liaiſon de jaunes d'œufs avec la crême. Les pois chiches de Provence ſont bons à la ſoupe & dans les oiles.

Féves de Marais.

Il faut les employer bien fraî- Entremets. ches. Si elles ſont petites vous les laiſſez entieres, & les faites blanchir. Etant preſque cuites, vous les égouttez & les mettez dans une caſſerole avec un morceau de beurre, un peu de perſil haché bien menu, un bouquet de ſarriette & un peu de ſel. Paſſez-les ſur le feu, ſingez & mouillez d'un peu de bouillon. En finiſſant une liaiſon de deux ou trois jaunes d'œufs avec de la crême, & un peu de sarriette en poudre.

Féves de marais en Macédoine.

Voyez à l'article des Canards en Macédoine.

Entremets. On peut faire sécher ces sortes de féves. Quand elles sont bien grosses on les dérobe, on les fend en deux, on les enfile, & on les fait sécher au plancher pour s'en servir au Carême.

Haricots verds.

Entremets. Les plus petits & les plus frais sont les meilleurs.

Etant épluchés, vous les faites cuire dans l'eau avec sel, & un petit morceau de beurre. Etant cuits, vous faites roussir à demi un morceau de bon beurre. Jettez dedans un oignon haché bien menu. Etant presque cuits dans le beurre, vous y mettez une pincée de persil haché, & haricots avec sel & poivre. Passez-les à petit feu, afin qu'ils prennent plus de goût. Singez un peu &

mouillez avec un peu de bouillon ou de l'eau de leur cuisson, sel & poivre. Quand la sauce est diminuée, mettez-y une liaison de trois jaunes d'œufs faite avec de la crême. En finissant, pointe de vinaigre ou verjus. Il faut que la sauce soit courte & bien liée.

Haricots verds à l'huile.

Faites-les cuire comme ci-devant, & y mettez une fois plus de sel. Etant cuits vous les faites égoutter, & frottez le plat d'un peu d'ail. Arrangez-y vos haricots artistement. Faites autour un cordon de petites herbes hachées bien menues. Sçavoir, cerfeuil, pimprenelle, estragon, civette, cresson. On les assaisonne sur la table, d'huile & vinaigre, d'estragon, avec un peu de poivre concassé. *Entremets.*

Haricots au beurre.

Faites-les cuire dans l'eau, & les remettez à prendre du goût *Entremets.*

dans du bouillon & un peu de jus. Egouttez-les & les ressuyez dans une serviette & les dressez sur le plat, & jettez dessus une sauce au beurre.

Autre façon d'haricots.

Entremets. Faites-les cuire comme ci-devant, & les mettez dans une casserole avec du blond de veau. Faites-les mijotter sur le feu. En finissant vous mettez la moitié d'un pain de beurre manié, une pincée de capres hachées, & une pointe de vinaigre.

On peut s'en servir pour des garnitures de potages, étant bien cuits & coupés en filets proprement.

Haricots en allumettes.

Entremets. Laissez-les de leur longueur, & les faites blanchir pour ôter le goût de verd. Ensuite vous les faites cuire dans du bouillon avec une barde de lard, un oignon piqué de deux clous, deux ou trois tranches de citron. Etant cuits, vous les égouttez & les coupez en filets. Ressuyez-les dans un linge. Trempez-les dans une pâte à bierre, & faites frire bien blond.

Autre façon d'allumettes d'haricots.

Etant épluchés & blanchis aux trois quarts, mettez-les à l'eau fraîche & les coupez en filets. Achevez de les faire cuire dans du syrop d'abricot, dans lequel vous aurez mis un peu d'eau-de-vie. Egouttez-les, & les trempez dans une pâte à frire. Etant frits bien blonds, vous les glacez de sucre, & les servez.

Façons de conserver les haricots verds.

Epluchez les extrémités & ôtez les filets. Faites blanchir un bouillon seulement. Ensuite vous les mettez à l'eau fraîche & les ressuyez bien dans un linge. Vous les empotez : faites une faumure de trois quarts d'eau & un quart de vinaigre, mettez affez de fel pour qu'il domine, douze clous de girofle, faites bouillir un quart d'heure, laiffez repofer & verfez fur vos haricots ; faites enforte qu'ils nagent dans la faumure. Si au bout de huit jours la faumure étoit radoucie, vous y remettez du fel, & couvrirez la furface du pot avec de l'huile de l'épaiffeur du pouce. Vous le mettrez dans un lieu frais pour les conferver.

Quand vous voulez vous en fervir vous les ôtez du pot, & les faites tremper dans deux eaux tiédes, & enfuite vous les faites cuire comme ci-devant.

On peut en faire fécher comme des artichaux. Quand on veut les employer on les trempe auparavant pendant un jour.

Haricots blancs ou fèves.

Entrée.

Dans la nouveauté, vous les faites cuire à l'eau & les mettez dans une casserole avec deux pains de beurre, du persil, sel, poivre. Faites-les mijotter un peu sur le feu. Ensuite vous y mettez une liaison de deux jaunes d'œufs faite avec du verjus & de la muscade

Haricots blancs au gras.

Faites-les tremper à l'eau tiéde, & les faites cuire à petit feu dans du bouillon avec quelques racines, un bouquet, un morceau de tranche de bœuf. Etant cuits, vous les faites égoutter & mijotter dans une casserole avec du blond de veau, & les servez sous telle viande que vous jugerez à propos. On peut les faire bons à moins de frais.

Haricots ou fèves au bouillon.

Entrée.

Faites-les cuire aux trois quarts dans l'eau, & achevez de les faire cuire dans de bon bouillon. Ensuite vous les mettez dans une casserole avec deux pains de beurre, du persil en feuille, deux gousses d'ail, sel & poivre. Faites mijotter & servez.

Haricots à la Maître-d'Hôtel.

Entrée. Etant cuits dans l'eau, vous les égouttez, & mettez dans une casserole avec un morceau de beurre, persil, échalottes hachées bien menues, sel & poivre. En finissant une pointe de vinaigre ou du citron.

Haricots à l'ordinaire.

Entrée. Faites-les cuire dans l'eau. Ensuite vous faites un roux avec du beurre & de la farine, dans lequel vous jettez de l'oignon haché bien menu. Mettez-y vos haricots, assaisonnez de sel & poivre, prenez garde de trop mouiller. En finissant une pointe de vinaigre.

Haricots à l'huile.

Entrée. Faites-les cuire dans l'eau. Etant

bien égouttés, vous les mettez dans un vaisseau, & assaisonnez de sel, poivre, persil, huile, & vinaigre, le tout bien manié ensemble. Dressez sur le plat & garnissez de ce que vous voudrez de pain frit, ou filets d'harengs sors, ou autres choses.

Féverolles ou petites féves rouges à la crême.

Ce sont des espéces de petites féves de marais qui sont séches, vous les faites cuire à l'eau comme les haricots blancs. Ensuite vous les mettez dans une casserole avec deux pains de beurre de Vanvre manié dans un peu de farine, avec un demi-septier de bonne crême double, sel & poivre. Entrée.

On peut les manger fricassées comme les haricots ordinaires.

Persil.

Le persil est d'une grande utilité dans la cuisine. Il faut l'employer le plus nouveau qu'on peut, & n'en hacher qu'à mesure qu'on en a besoin ; car il est sujet à s'échauffer & à se gâter.

Ciboule.

La ciboule est presque aussi utile. Elle se conserve davantage, & ne veut point être hachée plusieurs fois.

Oignons.

Il y en a de plusieurs espéces, mais ils sont tous également bons pour la cuisine.

Matelotte de gros oignons.

Entrée maigre. Faites blanchir six beaux oignons & les mettez dans une casserole avec sel, poivre, deux feuilles de laurier, quelques champignons, culs d'artichaux bien blanchis, quelques laitances ou œufs de carpe, & écrévisses si vous en avez. Faites un roux avec du beurre & de la farine. Jettez-y des tranches d'oignon. Mouillez avec d'excellent vin rouge, un peu de jus maigre. Faites bouillir un peu, & passez au travers d'une passoire dans la matelotte. Faites cuire doucement sur le feu; en finissant une pincée de capres & d'anchois hachés bien menus, une pointe de vinaigre & quelques croutons. Servez, courte sauce.

Ragoût de petits oignons.

Faites blanchir des petits oignons blancs. Epluchez-les bien, & les faites cuire dans des bardes de lard aux trois quarts. Egouttez & les mettez dans une casserole avec du blond de veau. Faites un peu mijotter, dégraissez & servez. — Entrée grasse.

Autre ragoût de petits oignons.

Etant blanchis & égouttés, vous les mettez dans une casserole avec du consommé, un verre de vin de Champagne, un peu d'huile, un bouquet de persil haché, deux gousses d'ail & du sel. Faites-les — Entrée.

cuire doucement, dégraissez. En servant jus de citron.

Oignons en salade.

Vous les faites cuire dans du bouillon, dans le four ou dans la braise.

Oignons au blanc-manger.

Hors-d'œuvre ou Entrée. Prenez huit ou dix gros oignons d'Espagne ou autres. Epluchez-les bien. Avec la pointe d'un petit couteau vous ôtez le milieu, & les creusez assez pour y pouvoir mettre une farce fine que vous ferez avec des blancs de poularde, tetines de veau ou graisse, un morceau de lard, persil, ciboule, deux ou trois oignons cuits dans la cendre, sel, poivre, basilic en poudre, un peu de muscade, de la mie de pain cuite & désséchée dans la crême, trois jaunes d'œufs, le tout bien haché & pilé. Farcissez vos oignons & les faites cuire dans des bardes de lard, feu dessus fus & deſſous. Etant égouttés & reſſuyés, vous les dreſſez ſur le plat, & jettez deſſus une ſauce à l'Eſpagnole.

On peut, en place de farce, y mettre un petit ſalpicon de tout ce que l'on veut, les faire cuire de même.

Carottes & panais.

On en met dans des potages, & on en fait des ragoûts; on peut les manger les jours maigres, fricaſſés comme les navets. Entrée.

Ragoûts de racines.

Tournez proprement vos racines & les faites blanchir. Faites-les cuire enſuite dans de bon bouillon, vin blanc, petits zeſtes de jambon & perſil haché. En finiſſant, un peu de citron. Entrée.

Autres ragoûts de racines.

Etant blanchies, vous les faites cuire dans une petite braiſe. Etant égoutées vous les mettez dans une caſſerole avec du blond de veau. Entrée.

Tome II. R

Faites mijotter doucement, dégraissez & servez sur ce que vous voudrez.

Vous faites la même chose en maigre.

Elles servent à faire les jus maigres, les oilles & soupes maigres, à garnir les potages dans le besoin, ainsi que les hochepots, les terrines & autres. Il faut toujours prendre garde qu'elle ne domine dans les bouillons.

Racines à l'huile.

Entrée. maigre. Faites-les cuire dans l'eau, sel & beurre. Coupez-les en long, en large, en tranches ou en dez. Faites un roux leger avec de l'huile. Mouillez-le avec du bouillon maigre ou jus maigre. Mettez-y sel & poivre, & ensuite les racines. En finissant, une pointe de vinaigre.

On peut y mettre un peu de moutarde, & courte sauce.

On les peut servir à l'huile

froide avec du perſil blanchi.

Racines au beurre.

Etant cuites, vous les coupez en tranches, & faites une ſauce au beurre, dans laquelle vous mettez de la moutarde. La ſauce doit être bien liée. On peut mettre toutes ſortes de racines à telle ſauce que l'on juge à propos; mais il faut toujours qu'elle ſoit bien blanchie & cuite avant. Entrée maigre.

Racines de perſil.

Elle a ſon uſage dans bien des occaſions à la cuiſine, il faut l'employer modeſtement à cauſe de ſon grand parfum, avoir ſoin de la faire blanchir avant de s'en ſervir. Entrée.

CHAPITRE XIII.
Choux de toutes espéces.

Choux frisés en purée.

Entrée. Prenez deux ou trois choux frisés. Otez les gros cottons, & hachez le reste bien fin. Mettez dans une casserole bien épaisse avec un morceau de jambon, une livre de petit lard, huit pains d'excellent beurre. Mettez sur un petit feu, & remuez souvent pendant deux heures. Quand ils sont diminués & presque cuits, ôtez le jambon & le lard. Mouillez avec du blond de veau bien doux. Achevez de faire cuire, & servez avec un crouton de pain dessous, & de petites saucisses autour, si vous voulez. Ayez toujours attention que cela cuise doucement.

Choux blancs à l'Allemande.

Coupez un gros choux en qua- *Entrée.*
tre. Otez le dur, & le faites blanchir avec de l'eau bouillante, du sel, un morceau de beurre. Ficelez-le & l'empotez dans une marmite avec d'excellent bouillon, deux verres d'huile, deux ou trois gros oignons, un bouquet, dans lequel vous mettrez trois clous de girofle, & deux branches de fenouil. Aux trois quarts de la cuisson mettez-y de petites saucisses longues comme le doigt, que vous aurez fait blanchir auparavant. Achevez de faire cuire, & servez le choux sur un crouton de pain bien sec, les oignons & les saucisses autour.

Il faut le faire bouillir six heures, parce que le choux veut être bien cuit.

Choux à la braise.

Etant blanchis, vous les ficelez *Hors-*
& faites cuire à la braise, mouil- *d'œuvre.*

lez de bon bouillon, faites cuire à petit feu, & vous en servez à ce que vous voudrez.

Choux farcis.

Entrée. Prenez un gros choux blanc ou autre. Faites-le blanchir après en avoir ôté le trognon. Mettez-le égoutter sur une nape, renversez les feuiles sans les séparer. Ayez une farce générale bien liée & douce. Garnissez votre choux entre les feuilles; c'est-à-dire, vous faites un lit de farce, ensuite un lit de feuille, & ainsi de suite jusqu'à la fin. Ficelez-le tout autour & le faites cuire dans une braise bien foncée & douce. Il lui faut sept heures pour cuire; étant égoutté dans des linges blancs, vous servez dessus du blond de veau. On trouve quelquefois des petits-choux gros comme des œufs, qui sont les rejettons des autres; on peut les farcir de même, & en mettre plusieurs pour un plat.

Choux verds, ou choux gélés à la braise.

On les accommode de même Entrée. que les autres, mais il ne faut pas tant de tems à les cuire.

Choux rouges.

On en fait des bouillons pour Entrée. les malades.

Choux rouges confits.

Prenez des choux rouges & les Salade. faites blanchir une demi-heure. Empotez-les avec du vinaigre, une douzaine de clous de girofle, cinq ou six gousses d'ail & du sel.

Sorcrotes Allemandes.

Ce sont des choux fort com- Entrée. muns en Allemagne. On les coupe par morceaux, & on les jette dans des baquets avec quantité de sel. On les garde & on les mange dans l'occasion avec de la viande, du lard, gibier ou autre. On les mange quelquefois seuls avec du fromage rapé dessus.

On peut mettre les choux à l'huile & au beurre.

Choux raves.

Entrée. Ces sortes de choux viennent gros comme des pommes de rambour & même plus gros. Ils ne poussent point de feuilles, ils s'accommodent comme les autres choux, & veulent être mangés jeunes.

Choux brocolis.

Entremets. Ce sont les montans de choux, quoiqu'il y en ait qui ne poussent que des bricolis. Vous ôtez la premiere peau comme à des montans de romaines, & vous laissez le bout quand il s'y trouve de la graine ; vous les faites cuire comme des asperges, & les servez à l'huile.

Choux maronnés.

Entrée. Faites blanchir un choux. Epluchez & faites cuire au sel une douzaine de beaux marons avec autant de petites saucisses de la même grosseur & longueur que les marons. Coupez le cœur de votre choux & y mettez à la place les marons & saucisses. Ficelez votre choux & le faites cuire dans une bonne braise bien cuite. Egouttez, dégraissez & servez avec une sauce à l'Espagnole.

Chouée.

Faites blanchir un morceau de petit salé bien entrelardé, des saucisses & un ou deux choux. Faites cuire le tout dans un bon assaisonnement de braise, & servez avec la sauce. *Entrée.*

Cellery.

On en fait des salades dans l'Automne & l'Hyver. Il est excellent cuit, & donne bon goût au bouillon.

Ragoût de cellery.

Vous l'épluchez & ne mettez que les cœurs longs comme le *Entrée.*

doigt. Etant blanchi, vous le faites cuire dans de bon bouillon. Après l'avoir fait égoutter, vous le mettez dans une casserole avec du blond de veau, & le faites mijotter afin qu'il prenne goût. Ensuite vous le servez avec ce que vous jugez à propos.

Cellery frit en bâton.

Intremets. Epluchez bien les cœurs comme ci-devant, & les faites blanchir. Mettez-les par paquet dans le derriere de votre marmite. Prenez garde qu'ils ne soient trop cuits. Ensuite vous les mettez dans une casserole avec un peu de bouillon, du sel, un filet de vinaigre & deux clous. Faites-les mariner une demi-heure. Ressuyez-les entre deux linges, trempez-les dans une pâte à bierre, & les faites frire dans du sain-doux. Servez bien blond.

Poireaux.

Le poireau est bon à mettre

dans le pot, & à garnir les potages.

Rissole de poireaux.

Coupez des têtes de poireaux longs comme le pouce. Faites-les blanchir & cuire aux trois quarts dans le bouillon. Ensuite vous levez les feuilles & les étendez, vous les garnissez de farce grasse ou maigre, dans lequel vous aurez mis un peu de poireau haché. Roulez-les & les trempez dans une pâte & faites frire bien blond.

Raves & Radix.

Ils se mangent pour l'ordinaire cruds. On en fait des potages de différentes façons. Il faut toujours les faire cuire à part.

Ravioles au bouillon.

Ce sont des raves tendres, bien épluchées & blanchies. Vous les coupez de la longueur du petit doigt, & les faites cuire dans du bouillon avec une barde de lard,

Faites-les égoutter & les arrangez dans une casserole. Mettez-y de la quinte-essence, dans laquelle vous les faites mitonner long-tems afin qu'elles prennent goût. En finissant, mettez un pain d'excellent beurre manié dans la farine. La sauce doit avoir un peu de consistance sans être épaisse.

Autres ravioles.

Entremets. Quand elles sont cuites & bien égouttées, vous les mettez dans une casserole avec du blond de veau, bien fait & léger. Finissez comme les cardes.

Ravioles en canelons.

Entremets. Faites-les cuire aux trois quarts dans du bouillon, égouttez-les : faites un léger sirop, dans lequel vous achevez de les faire cuire, avec jus de citron. Etant bien ressuyées, vous les trempez dans une pâte à bierre & les faites frire. Glacez-les ensuite avec du sucre, & la pelle rouge.

Navets.

Il y en a de plusieurs espéces ; les navets des environs de Paris, les petits navets de Bourgogne, les navets de Freneuse, ceux de Chartres & autres.

Ragoûts de navets.

Etant coupés, vous les faites *Entrée.* frire dans du sain-doux, à petit feu, jusqu'à ce qu'ils ayent pris une legere couleur d'or. Etant ressuyés dans un linge, vous les mettez dans une casserole avec du bouillon. Faites mijotter sur le feu, liez & finissez avec du blond de veau. On peut les faire blanchir à l'eau bouillante.

Navets au blanc à la moutarde.

Vos navets étant ratissés, vous *Entrée.* les coupez en deux ou quatre s'ils sont gros, vous les faites cuire dans de l'eau & du sel, un peu de beurre. Ensuite vous les égouttez, & mettez avec une sauce blanche & un peu de moutarde.

Bouillon de navets.

Vous faites un bon corps de bouillon à l'ordinaire, dans lequel vous mettez une douzaine de bons navets ou plus, selon la quantité de bouillon que vous voulez, il faut le laisser bien consommer, ensuite le passer au tamis, & s'en servir à tout ce qui demande du bouilllon de navets.

On en fait du bouillon simple avec de l'eau.

Terrine de gros navets.

Ayez des gros navets comme le poing, quatre pour un plat. Epluchez-les, & creusez dans le milieu. Faites-les cuire dans une braise, prenez garde de les casser; ensuite vous les égouttez & les dressez sur le plat : vous pouvez mettre dans chaque navets ce que vous jugerez à propos, soit pigeons, aîlerons, ragoût, salpicon & autre chose ;

le tout bien fini à propos, masquez de coulis.

Laitues.

La laitue se met en salade, dans les ragoûts, farces, potages, & sert pour les garnitures. *Entrée.*

Laitues en ragoût.

Faites blanchir des cœurs de laitues. Ficelez-les, & les faites cuire dans du bon bouillon. Quand elles sont cuites, vous les égouttez & pressez dans un linge blanc, & les mettez dans une casserole, avec un bouquet & du blond de veau bien léger. Faites-les mitonner un quart d'heure, & les servez sous telle viande que vous jugerez à propos.

Laitues à la Dame Simonne.

Faites-les blanchir un bouillon. *Entrée.* Etant égouttées & pressées, vous les arrangez sur une serviette. Renversez les feuilles jusqu'aux petits cœurs que vous ôtez. Vous mettez en leur place de la farce de blanc de volaille, bien liée & douce. Relevez les feuilles l'une après l'autre, en mettant à chacune un peu de farce. Faites de même jusqu'à la fin. Ficelez vos laitues tout autour, & les arrangez dans une petite braise légere. Faites-les cuire à petit feu. Ensuite vous les égouttez & arrangez sur le plat. Vous jettez dessus un coulis à la Reine, un peu plus épais que pour les potages.

On peut y mettre un peu de blond de veau, ou bien une liaison de quatre jaunes d'œufs faite avec de la crême & un peu de muscade.

Laitues farcies frites.

Entrée. Etant cuites & farcies comme ci-devant, vous les laissez refroidir & les trempez dans une petite omelette assaisonnée, vous les panez d'une mie de pain très-fine, & les faites frire de belle couleur. Servez avec du persil frit.

Montans de laitues au bouillon.

Ils s'accommodent de même que les ravioles. *Entremets.*

Montans de laitues au jus.

Ils s'accommodent de même. *Entremets.* Il faut les mettre dans du blond de veau & les faire mitonner. Dégraissez & servez chaud.

Chicorée.

La chicorée blanche se mange *Entrée.* en salade, ainsi que la chicorée verte quand elle est montée.

On prend des tiges, on ôte la peau & on les frise en les coupant par petits filets, & les jettant sur le champ dans l'eau. Pour lors vous la mangez en salade ou en ragoût, en la faisant blanchir & cuire.

Les autres chicorées, qu'on appelle à la langue de bœuf, nompareilles, à la Régence, &c. se mettent toutes en salade. On peut les faire cuire à l'huile avec d'autres légumes.

Ragoût de chicorée.

Entrée. La chicorée étant blanchie & cuite dans du bouillon, égouttée & ressuyée, vous l'arrangez & faites mijotter dans une casserole avec un oignon piqué d'un clou de girofle & du blond de veau. On peut y mettre une pointe de vinaigre.

Autre ragoût de chicorée.

Entrée. Faites-la blanchir deux bouillons & la changez deux fois d'eau tiéde. Otez le dur & hachez le reste. Pressez bien le tout & en faites sortir l'eau. Mettez une casserole sur le feu avec du lard fondu pour humecter votre chicorée. Quand il est bien chaud, vous la mettez dedans & remuez souvent sur des cendres chaudes. Singez un peu & mouillez avec du blond de veau. Achevez de faire cuire & finissez à propos. Observez que quand vous n'avez pas de coulis, on la mouille avec un peu de jus ou bouillon selon la commodité, le tout est qu'elle cuise long-tems.

Ragoût de chicorée au blanc. Entrée.

Faites-la blanchir comme devant, & la passez avec d'excellent beurre. Singez & mouillez de bon bouillon. Faites cuire long-tems. En finissant, une liaison de trois jaunes d'œufs faite avec du bouillon.

Autre ragoût de chicorée.

Faites-la cuire dans une marmi- Entrée. te, égouttez, & la pressez pour en faire sortir le bouillon. Ensuite vous mettez deux pains de beurre avec de la farine, un jaune d'œuf délayé avec de la quinte-essence ou consommé. Tournez votre sauce sur le feu & la rendez épaisse. Mettez-y votre chicorée, après lui avoir donné quelques coups de couteau. Faites mitonner doucement. Goûtez & servez.

La chicorée blanche amere sert à faire les salades.

Observez toujours que tous ces ragoûts de légumes s'apprêtent en maigre, tout de même, & doivent être aussi bons.

Ozeille.

Entrée. Il y en a de plusieurs espéces; mais elles servent toutes dans les potages, ragoûts & autres choses.

Farce à l'ozeille maigre.

Entrée. Prenez une poignée d'ozeille, & deux ou trois laitues. Otez-en les côtes. Lavez-les & les hachez. Mettez-les dans une casserole avec un bon morceau de beurre, persil, ciboule hachée, sel & poivre. Faites aller doucement sur des cendres, à petit feu, & remuez souvent. Quand elle est presque cuite, vous y mettez un demi-septier de bonne crême ou lait, ou bouillon. Achevez de faire cuire. En finissant, une liaison de trois jaunes d'œufs, faite avec de la crême & un peu de muscade. On peut y mettre de la poirée & autres herbes.

Lorsqu'on est avancé dans la saison, il en faut moins mettre, parce que l'ozeille est forte, & que le ragoût seroit trop aigre.

Ozeille au gras.

Prenez les mêmes herbes que ci-devant, & les hachez. Vous les mettez dans une casserole avec du beurre, lard fondu, persil, ciboule, & champignons hachés. Faites cuire à petit feu, remuez, singez & mouillez avec du blond de veau. Il faut que cela soit lié & la sauce courte & douce. *Entrée.*

Jus d'ozeille.

Hachez & pilez de l'oseille sans être lavée, pressez le jus & le passez au travers d'un tamis. Il veut être employé modestement.

La poirée sert à verdir, aux potages & dans les bouillons;

ainsi que le cerfeuil & la Bonne-Dame.

Cardes poirées maigres, au beurre.

Entremets. Epluchez-les & les coupez de telle longueur que vous voudrez. Faites-les cuire à l'eau & au sel, avec un petit morceau de beurre, manié dans un peu de farine. Pour qu'elles soient blanches, il faut les faire cuire à grands bouillons. Etant égouttées, vous les mettez dans une casserole avec un bon morceau de beurre, de la farine, sel, poivre, muscade, deux ciboules entieres, piquées chacune d'un clou de girofle. Délayez le tout avec un peu d'eau. Tournez votre sauce & la liez. Jettez vos cardes dedans & les mettez sur un petit feu jusqu'à ce que vous serviez. Il faut qu'elles soient un peu de haut goût.

On les met au parmesan de même.

On peut faire avec la poirée plusieurs choses, quand elle est blanchie; étendre les feuilles & les garnir de farce ou autre composition de goût & de fantaisie, les rouler & les faire cuire, & les servir avec telle sauce que l'on juge à propos.

Cardes poirées au gras.

Etant blanchies & cuites com- Entremets. me ci-devant, mettez dans une casserole quatre pains de beurre, sel, poivre, muscade, un peu de farine, délayée avec du blond de veau & un filet de vinaigre. Tournez la sauce pour lui donner de la consistance. Mettez-y vos cardes & vous en servez au besoin.

Cardes poirées au Parmesan.

Accommodez-les comme ci- Entremets. devant, & les dressez sur le plat. Mettez une croute de pain dans le fond du plat & du parmesan, mêlé avec un peu de mie de pain.

Faites prendre belle couleur sous un couvercle de tourtiere, ou au four, ou avec la pelle bien chaude.

Pourpier.

Il sert dans les potages & pour garniture. On le peut confire au vinaigre, & en faire des ragoûts, & le frire.

Epinars au beurre.

Entremets. Epluchez, lavez & faites blanchir des épinars à grand feu, afin qu'ils ne jauniſſent pas. Faites-les cuire à l'eau, preſſez-les, & les mettez dans une caſſerole avec beaucoup d'excellent beurre, ſel & muſcade rapée. Remuez toujours ſur un petit feu, mettez-y un peu de crême; achevez de faire cuire & les ſervez chauds, gras de beurre & doux.

Au lieu de les preſſer, on peut les égoutter dans une paſſoire & les fricaſſer.

Epinars au bouillon.

Entremets. Etant blanchis & cuits, vous les

les pressez & hachez bien menus. Faites-les mijotter avec d'excellent consommé. Servez, courte sauce.

Epinars à la Bourgeoise

Quand ils sont bien épluchés & lavés, faites-les bien égoutter & ressuyer, ensuite vous les mettez dans un vaisseau avec deux oignons piqués d'un clou ; un bouquet de fines herbes, sel & poivre, du beurre raisonnablement. Mettez sur un petit feu & remuez de tems en tems. Quand ils sont cuits, vous y remettez un petit morceau de beurre manié dans la farine, un petit brin de sucre, observez qu'ils soient de bon goût & pas trop gras.

Epinars à l'huile.

Etant blanchis, vous les pressez & mettez dans une casserole sans les hacher, avec un verre de bonne huile, sel, poivre, deux gous- Entremets.

ses d'ail. Faites-les cuire à petit feu. En finissant un peu de bouillon afin que l'huile ne paroisse pas tant, servez avec des croutons.

Epinars au gras.

Entremets. Etant hachés vous les mettez dans une casserole avec deux ou trois pains de beurre & un peu de sel. Remuez-les à petit feu, singez & mouillez du blond de veau & d'un peu de crême. Faites mijotter, goûtez & servez à propos.

Les épinars servent à verdir. On en fait des tourtes, des risolles & autres.

Passe-pierre.

Entrée. On la confit au mois d'Août & Septembre dans du vinaigre. Pour cela on l'épluche de ses cotons & on la fait blanchir un bouillon. Vous la mettez à l'eau fraîche & l'empotez avec du sel, quelques clous de girofle, du vinaigre, & un demi-quart d'eau.

Quand vous voulez vous en servir, vous la faites un peu tremper. Etant égouttée & ressuyée dans du linge, vous lui donnez quelques coups de couteau. Ensuite vous mettez dans une casserole un pain de beurre, un peu de farine délayée avec du blond de veau. Tournez sur le feu & y jettez votre passe-pierre. Il ne faut pas que cela bouille ou très-peu.

On peut la mettre simplement dans du blond de veau.

On en peut mettre avec du cellery & dans les sauces hachées, ainsi que dans des salades.

Tout ce qui est ci-devant s'accommode au gras tout comme au maigre. Il n'y a que les bouillons, jus & sauces qui en font la différence.

Cardes d'Artichaux.

Elles commencent à être bonnes à manger au mois d'Octobre

Entremets.

& de Novembre. Il en vient de Tours qui sont excellentes. Il en croît de belles aux environs de Paris.

Cardes au jus.

Entremets. Prenez des cardes de Tours ou autres qui soient bien épaisses, sans être creuses, blanches, tendres & mures. Jettez les feuilles extérieures qui sont vertes. Coupez les autres de la longeur du doigt, & les jettez dans l'eau bouillante un instant. Ensuite vous les jettez dans l'eau fraîche, & leur ôtez légerement la petite peau qui se trouve dessus & dessous. Etant bien épluchées, vous les faites cuire à petit feu dans du bouillon doux, avec gros comme une noix de beurre un peu manié dans de la farine, un quarteron de graisse de bœuf, une barde de lard. Etant cuites vous les égouttez & essuyez avec un linge. Mettez-les dans une casserole avec du blond de veau qui soit bon & doux. Faites mijotter une demi-heure ; dégraissez & servez quand la sauce est diminuée & constante. On peut mettre de la moëlle dans la cuisson, cela les nourrit.

Cardes au bouillon.

Etant cuites & blanches comme ci-devant, vous les mettez dans une casserole avec d'excellent consommé ou quinte-essence. Faites mijotter une demi-heure. En finissant vous mettez un pain de beurre manié dans la farine pour leur donner la consistance. — Entremets.

Cardes au beurre.

Etant cuites vous faites une sauce blanche avec du beurre, sel, poivre, un peu de muscade, de la farine délayée avec du bouillon & une pointe de vinaigre. Tournez votre sauce & la mettez avec vos cardes. — Entremets.

Cardes au Parmesan.

Accommodez-les comme ci-

Entremets. devant. Etant froides vous rapez un peu de parmesan au fond du plat, & y mettez vos cardes que vous poudrez de parmesan, mêlé avec le tiers de mie de pain. Faites prendre couleur au four, sous un couvercle, ou avec la pelle rouge. Dégraissez, s'il en est besoin, & servez chaud.

Asperges.

Les asperges de Menil-Montant & de Belleville, passent pour être les meilleures dans la nouveauté.

Asperges au beurre.

Entremets. Coupez-les de la longueur que vous voudrez, les ratissez pour qu'elles soient plus propres. Faites-les cuire à l'eau bouillante. Etant égouttées vous les dressez, & servez dessus une sauce au beurre.

Asperges à l'huile.

Entremets. Etant cuites vous les dressez & mettez dessus de l'huile, sel, poivre concassé & vinaigre.

Asperges au jus.

Etant cuites & dressées, vous servez dessus un peu de blond de veau, dans lequel vous aurez mis un peu de beurre manié. *Entremets.*

Asperges en ragoût

Prenez des moyennes asperges, cassez les pointes & les faites blanchir. Ensuite vous les faites cuire dans un peu de bouillon. Etant égouttées vous les jettez dans une casserole avec du blond de veau. Faites mijotter un instant, & servez chaud. *Entremets.*

Asperges en petits pois.

Coupez de petites asperges en forme de petits pois. Faites-les blanchir, égouttez, & les mettez dans une casserole avec un morceau de beurre, un bouquet de persil & ciboule, dans lequel vous mettez une branche de sarriette & deux clous. Passez-les à petit feu, singez & mouillez avec *Entremets.*

du bouillon. Achevez de faire cuire & y mettez un peu de sel, gros comme une noisette de sucre. En finissant une liaison de trois jaunes d'œufs délayés avec de la crême, un peu de sarriette en poudre.

On peut aussi fricasser des pointes d'asperges.

Asperges à la crême.

Entremets. Coupez des pointes d'asperges & les faites blanchir. Passez-les dans une casserole avec d'excellent beurre. Singez un peu & mouillez avec de la crême. Mettez-y un peu de sel, & un petit morceau de sucre. En finissant une liaison d'un jaune d'œuf, & servez chaud.

Façon de conserver les Asperges.

Vous en ôtez le dur & les faites blanchir un bouillon avec du sel, un peu de beurre. Vous les mettez ensuite à l'eau fraîche & les faites égoutter. Etant froides vous les mettez dans un vaiſſeau ou elles puiſſent être de leur longueur. Faites bouillir autant d'eau que de vinaigre avec du ſel, clous & tranches de citron, & mettez avec vos aſperges. Le lendemain vous faites bouillir de nouveau le même aſſaiſonnement, & le verſez deſſus vos aſperges. Etant froides vous verſez de l'huile deſſus de l'épaiſſeur d'un pouce, & les mettez dans un lieu ſec & tempéré.

Pour vous en ſervir vous les faites tremper dans l'eau tiede, & les faites cuire comme les autres.

Houblon.

Il ſe mange comme les aſperges Entremets. à l'huile ou au beurre. Il n'eſt bon que dans le Printems. Il ne faut pas la faire trop cuire.

Artichaux.

Il y en a de pluſieurs eſpéces, des rouges & des verds. Les rouges ne sont bons qu'à manger à la poivrade. C'est une légume qui dure long-tems. On en à Paris, le Printems, l'Eté & l'Automne, Il en vient beaucoup de Notre-Dame de Liesse & de Laon, & des environs de Paris.

Artichaux au beurre.

Entremets. Epluchez le dessus & coupez la superficie de la pointe. Faites-les cuire avec du sel, de l'eau & un morceau de beurre. Quand ils sont cuits vous ôtez le foin proprement, & les servez avec une sauce blanche au beurre.

Artichaux à la Barigoult.

Entremets. Prenez six ou huit artichaux qui n'ayent que les cœurs, si faire se peut, parce qu'ils sont plus tendres. Epluchez un peu le dessous, coupez la pointe, faites-les blanchir jusqu'à ce que vous puissiez tirer le foin sans les déchirer. Arrangez dans le fond d'une casserole quelques bardes de lard, mettez vos artichaux dessus, hachez des champignons, persil, ciboules, échalottes & quelques rocamboles. Mettez-les dans une casserole avec sel, poivre, un peu de basilic en poudre, deux verres d'huile, un jaune d'œuf. Délayez bien le tout ensemble, & mettez de cet appareil dans chaque artichaut. Mouillez d'un peu de bouillon ou de quelque fond de braise, de maniere qu'il n'en entre point dans les artichaux. Faites-les cuire sur des cendres chaudes, & les servez avec du blond de veau, dans lequel vous mettrez un pain de beurre manié & le jus d'un citron.

Artichaux à l'Italienne.

Faites blanchir des petits artichaux, ôtez-en le foin, & les arrangez sur une tourtiere avec des bardes de lard. Mettez dans chaque artichaut du même appareil qu'aux artichaux à la Barigoule

Entreméts.

Recouvrez les bardes de lard & les faites cuire au four. En servant jus de citron.

Artichaux à la Garonne.

Entremets. Faites blanchir des artichaux; ôtez-en le foin, parez-les proprement & les arrangez sur une tourtiere. Mettez-y deux ou trois verres d'huile, sel & poivre concassé. Faites-les cuire sur des cendres chaudes. Il faut que le bout des feuilles soit rissolé. Servez à sec avec le jus d'un citron.

Artichaux frits.

Entremets. Coupez des artichaux en quatre ou six selon qu'ils sont gros, ôtez le foin & les grosses feuilles, ne laissez que les petites & celles qui marquent le plus. Lavez-les bien; étant égouttés vous les faites frire & y mettez auparavant un peu de sel. Vous les servez avec du persil frit.

On peut les poudrer de farine avant que de les faire frire.

On peut les mettre dans une pâte a bierre quand ils sont tendres. Ou bien étant égouttés vous y cassez un œuf ou deux, avec un peu de sel & de la farine. Maniez bien le tout ensemble & les faites frire de belle couleur.

Artichaux à la Provençale.

Prenez de petits artichaux, ôtez toutes les feuilles, & tournez le cul proprement. Faites-les blanchir pour pouvoir ôter le foin, & les faites cuire dans du bouillon avec une barde de lard, un petit morceau de beurre manié dans un peu de farine, un petit morceau de graisse de bœuf. Etant cuits vous les mettez dans une casserole avec deux verres d'huile.

Pour la sauce vous prenez deux verres de bon consommé, dans lequel vous mettez sel, poivre, une pincée de persil blanchi & haché, & jus de citron. Remuez bien le tout ensemble avec un peu d'huile. Dressez vos artichaux & jettez la sauce dessus.

Artichaux à la Poivrade.

Entremets. Prenez des artichaux tournés & cuits comme ci-devant. Faites un petit salpicon cuit avec des ris de veau crêtes, trufes & autres choses que vous coupez très-fin, & faites cuire dans du coulis de bon goût & bien épais, peu de sauce. Quand cela est froid, vous en mettez sur chaque artichaut & recouvrez d'un autre cul d'artichaut. Trempez le tout dans des œufs battus & les panez. Faites-les frire dans du sain-doux & les servez avec du persil frit.

Artichaux à l'estoufade.

Entremets. Parez des artichaux & les faites blanchir. Après en avoir ôté le foin vous les mettez dans une casserole avec un peu de lard rapé dans le fond. Mettez la pointe en bas & les couvrez avec des bardes de lard, tranches d'oignon, quelques bardes de veau, sel, clou, basilic, & un peu de bouillon. Faites-les cuire sur des cendres chaudes & beaucoup de feu dessus. En finissant faites rissoler les feuilles, & les servez avec un peu de blond de veau.

Artichaux aux cristaux.

Prenez des petits artichaux violets, servez-les entiers avec des morceaux de glace dessus bien blanche. Entremets.

Artichaux à la poulette.

Faites-les cuire dans un blanc, & les mettez égoutter. Entremets.

Passez dans une casserole quelques champignons, une tranche de jambon, un petit morceau de veau & un pain de beurre. Singez & mouillez avec du bon bouillon. Passez la sauce. En finissant mettez une liaison de deux jaunes d'œufs faite avec de la crême, un peu de persil haché bien menu

& un peu de muscade. Liez votre sauce avec jus de citron, & servez chaud.

Artichaux à l'échalotte.

Entremets. Coupez des artichaux en quatre, ôtez le foin & ne laissez que les feuilles tendres. Faites-les blanchir & cuire dans du bouillon. Mettez-les égoutter & les arrangez dans le plat. Jettez dessus une sauce faite avec un peu de bouillon, de l'échalotte hachée bien menue, sel, gros poivre, de l'huile & du vinaigre.

Artichaux à la Sicilienne.

Enrtemets. Coupez des petits artichanx en quatre ou six comme pour frire. Otez le foin & les feuilles vertes, & ne laissez que les petites jaunes. Faites-les blanchir & cuire dans du bouillon. Etant égouttés vous les arrangez dans le plat.

Passez ensuite dans une casserole avec un peu d'huile, de l'ail haché, de l'échalotte, persil, ciboule. Singez & mouillez avec du consommé, vin de Champagne, sel & poivre. Laissez mijoter la sauce. Dégraissez un peu, mettez-y jus de citron, & jettez sur vos artichaux.

Artichaux au jus.

Prenez de petits artichaux que vous tournez, faites blanchir & cuire dans du bouillon avec une barde de lard, & deux tranches de citron. Egouttez, essuyez & les mettez dans une casserole avec du blond de veau. Faites mijoter & servez. (Entremets.)

Artichaux au Michon.

Epluchez, tournez, faites blanchir & cuire comme ci-devant, passez dans une casserole avec de bon beurre ou lard fondu, des champignons hachés, ciboules, échalottes. Singez & mouillez avec de bon bouillon. Mettez-y sel, poivre, un oignon piqué de deux clous de girofle. Faites (Entremets.)

cuire la sauce. En finissant mettez une liaison de deux jaunes d'œufs délayés avec un peu de verjus ou de citron, & de cerfeuil haché bien menu. Dressez vos artichaux & la sauce dessus.

Artichaux au verjus.

Entremets. Faites cuire des culs d'artichaux bien blancs. Mettez dans une casserole un pain de beurre, un jaune d'œuf, un peu de farine, sel, poivre, un peu de muscade. Délayez avec du bouillon & le quart de verjus. Tournez la sauce pour la lier un peu. Ensuite vous y mettez quelques grains de verjus que vous aurez fait blanchir, dont vous aurez ôté les pepins.

Artichaux au Parmesan.

Entremets. Faites une sauce au beurre, dans laquelle vous mettrez du blond de veau. Mettez au fond du plat, dans lequel vous devez servir un peu de parmesan rapé, de la mie de pain & un peu de fauce. Arrangez vos artichaux deſſus & les couvrez de fauce. Panez de parmefan & de mie de pain. Faites prendre couleur au four, & garniſſez le tour du plat de mie de pain.

Artichaux en beignets.

Faites cuire aux trois quarts des culs d'artichaux bien blancs. Faites-les égoutter & mariner avec du ſel, un peu de citron. Reſſuyez-les bien & les trempez dans une pâte à bierre. Faites-les frire de belle couleur, garniſſez de perſil fin, & ſervez. *Entremets.*

Artichaux aux fines herbes.

Faites cuire des artichaux bien blancs. *Entremets.*

Mettez dans une caſſerole, champignons, perſil, ciboules, échalottes; deux rocamboles, deux ou trois pains de beurre, ſel, poivre, baſilic en poudre, & un peu de muſcade. Faites fondre le tout & y mettez vos artichaux, couvrez les bien & les mettez sur des cendres chaudes pendant une demi-heure. Mettez-les égoutter. Ensuite vous mettez dans la casserole du blond de veau que vous faites bouillir avec vos fines herbes. Dégraissez, dressez vos artichaux, & jettez la sauce dessus.

Artichaux à la Sainte-Menehoult.

Faites-les cuire bien blancs, & mettez le même appareil qu'aux artichaux aux fines herbes. Arrangez des bardes de lard sur une tourtiere ou plafond. Mettez vos artichaux dessus, & dans chaque un peu d'appareil, dans lequel vous aurez mis un jaune d'œuf, & par-dessus un peu de farce si vous en avez. Unissez-les bien avec le couteau & de l'œuf battu. Panez légerement & faites prendre couleur au four. Servez dessous un peu de blond de veau.

On peut les mettre en caisse.

Artichaux en salade.

Faites cuire des artichaux en cul, bien tournés & bien blancs. Etant cuits vous les égouttez & arrangez sur le plat. Vous pouvez les garnir de crêtes, queues d'écrévisses, cœurs de laitues hachés bien menu, de la fourniture de salade. Il faut frotter le plat d'un peu d'ail, & assaisonner votre salade avec de l'huile, sel, poivre, & un peu de vinaigre d'Estragon. *Entremets.*

Artichaux au citron.

Faites cuire des culs d'artichaux bien blancs & les mettez égoutter. *Entremets.*

Vous faites une sauce avec un pain de beurre, sel, poivre, muscade, & un peu de farine délayée avec du blond de veau. Coupez autant de tranches de citron que d'artichaux. Otez l'écorce & les pepins, Mettez-les dans votre sauce & tournez sur le feu pour qu'elle soit un peu liée. Arrangez vos artichaux sur le plat & les tranches de citron dessus, & ensuite la sauce.

Artichaux au jus de veau à la glace.

Faites cuire bien blancs de petits artichaux. Egouttez-les & les ressuyez. Foncez une casserole de tranches d'oignon, tranches de veau & zestes de jambon, carottes, panais & une barde de lard. Faites suer à petit feu jusqu'à ce que cela commence à s'attacher un peu. Mouillez avec d'excellent bouillon, dans lequel il y aura eu un jarret de veau. Ne tirez du jus que ce qu'il en faut pour la sauce. Laissez cuire longtems. Mettez-y un peu de champignons, un bouquet, gros comme une noisette de sucre. Quand vous voyez qu'il est assez cuit pour se former en gêlée, passez - le dans une serviette double pour le clarifier. Arrangez vos artichaux sur le plat, mettez votre jus par-dessus & le mettez au frais.

Artichaux à la Maingui.

Faites cuire des culs d'artichaux bien blancs. Coupez des oignons blancs bien minces & les passez sur un petit feu dans de bon beurre jusqu'à ce qu'ils soient cuits. Laissez-les refroidir & emplissez vos culs d'artichaux de cet appareil, de mie de pain & parmesan. Faites prendre couleur & servez à sec.

Façon de conserver des artichaux en feuilles.

Prenez autant de petits artichaux que vous voudrez en conserver. Il faut les prendre au commencement de l'Eté ou de l'Automne. C'est le tems qu'il sont meilleurs. Quand ils sont bien nettoyés vous les faites bouillir dans l'eau jusqu'à ce qu'on en puisse tirer le foin. Vous les mettez ensuite dans un pot de terre & le remplissez de saumure faite avec de l'eau & du vinaigre, beaucoup de sel, quelques clous de girofle. Couvrez-les d'huile de l'épaisseur d'un pouce.

Quand vous voudrez vous en servir, vous les mettez dans l'eau bouillante pour ôter l'huile. Vous les ferez cuire, & mettrez à telle sauce que vous voudrez:

Autre façon de conserver des Artichaux.

Tournez vos artichaux en cul le plus proprement que vous pourrez. Faites-les blanchir pour ôter le foin. Lavez-les à l'eau fraîche & les mettez ensuite sur des vannettes. Faites-les sécher au four ou au Soleil. On peut sans les faire sécher les conserver dans l'huile.

Choux-fleurs au beurre.

Epluchez-les, ôtez la peau de dessous

dessous & les mettez à l'eau fraî- *Entremets* che. Faites-les blanchir un bouillon avec une barde de lard, un morceau de beurre, du sel. Etant cuits & égouttés, vous les arrangez dans le plat, & mettez dessus la sauce au beurre bien liée. Pour qu'ils prennent plus de goût on pourroit les faire mitonner dans la sauce. Ils n'ont pas si bonne mine, mais ils sont meilleurs.

Choux-fleurs à l'huile.

Etant épluchés, vous les faites *Entremets.* cuire comme ci-devant, & les servez froids, à sec & bien blancs. En les faisant cuire, il faut y mettre assez de sel pour n'être pas obligé d'en remettre en les assaisonnant.

Choux-fleurs au jus.

Faites-les cuire comme ci-de- *Entremets,* vant. Etant bien égouttés vous les *ou* faites mijotter dans une casserole *Entrée.* avec du blond de veau, la queue en bas pour les pouvoir dresser sur le plat sans les rompre.

Vous aurez une autre sauce pour les masquer, parce qu'ils auront rendu de l'eau en chauffant, dans laquelle vous mettrez la moitié d'un pain de beurre manié dans la farine. Masquez-en vos choux-fleurs, & servez.

Choux-fleurs à l'Espagnole.

Entremets. Etant cuits comme ci-devant, vous les dressez & jettez dessus une sauce à l'Espagnole bien consistante.

Choux-fleurs au parmesan.

Entremets. Etant cuits comme ci-devant, vous faites une sauce avec trois pains de beurre qui soit bon, farine, sel, poivre, & muscade. Délayez avec du jus ou blond de veau. Tournez la sauce ensorte qu'elle soit bien liée. Jettez vos choux-fleurs dedans. Dressez-les sur le plat. Panez-les de parmesan & mie de pain. Faites prendre couleur au four sans les faire sécher.

On fait des grenades de choux-fleurs, & on en garnit des potages.

Façon de conserver des fruits verds au vinaigre.

Faites une saumure comme je l'ai marqué. Mettez votre fruit dans un pot de grès, comme prunes telles qu'elles soient, abricots, pommes dapis & pêches. Emplissez le pot de saumure, il faut qu'elle soit légere ou forte à proportion de la grosseur du fruit. Mettez de l'huile par-dessus, & mettez-le dans un endroit sec.

Ragoût de verjus.

Faites dégourdir du verjus dans Entrée. l'eau bouillante après en avoir ôté les pepins. Etant égoutté vous le mettez dans une casserole avec du blond de veau, la moitié d'un pain de beurre manié, & vous en servez. Il sert dans bien des

T ij

choses quand il est bien ménagé.

Façon de conserver le verjus.

Choisissez le plus beau & le plus gros, mettez-les dans un pot de grès avec du verjus ou liqueur, & du sel, & de l'huile sur la surface du pot, de l'épaisseur d'un pouce.

La patience.

Bouillon. Elle sert à faire des bouillons rafraîchissans & purgatifs.

Les Réponses.

Salade. Elles se mettent en salade, & sont bonnes fricassées au beurre & à la moutarde.

L'Ache.

On en fait le même usage que les épinars.

Les Chervis.

Entremets. Ils se mangent ordinairement frits & sont meilleurs.

Pour cela vous les cassez de la longueur que vous voulez, & prenez garde qu'ils ne soient cordés. Vous les faites cuire dans l'eau, sel, & un petit morceau de beurre. Egouttez-les, & les épluchez de leur petite peau. Trempez-les dans une pâte à bierre & les faites frire de belle couleur. On peut les mettre au beurre.

Bourache & Buglose.

Elles servent dans les bouillons rafraîchissans. Bouill

Concombres en ragoûts.

Epluchez-les, fendez-les en Entrée quatre, ôtez les pepins & les coupez en gros & petits dez, en filets, en tranches, émincés ou autrement. Faites-les mariner avec un peu de vinaigre & d'eau, & du gros sel pendant quatre heures. Pressez-les dans un linge. Mettez du lard fondu dans une casserole. Faites-le bien chauffer, & y jettez vos concombres, que vous passez long-tems avec quelques oignons en dez. Quand ils commencent à prendre couleur, vous les singez d'un peu de farine,

& les mouillez de jus & bouillon. Faites-les cuire à petit feu, & ne les dégraissez que sur la fin. Mettez-y du blond de veau pour les finir. Il faut qu'ils soient bien cuits, ayent du corps & soient bien doux.

Concombres farcis.

Entrée. Prenez des concombres bien droits que vous épluchez & vuidez par le bout d'en haut. Otez ce qui est dedans & les faites blanchir un bouillon. Faites-les égoutter & y mettez une farce ordinaire, onctueuse & bien liée. Faites-les cuire avec moitié bouillon & jus, ou quelque fond de braise. Etant bien égouttés, vous les servez avec du blond de veau.

Concombres au blanc.

Entrée. Epluchez des concombres, & les coupez en gros dez. Faites-les blanchir & même presque cuire dans l'eau & du sel, & les laissez égoutter. Passez dans une casserole avec un morceau de beurre, quelques blancs de ciboule, un peu de perfil & échalottes hachées bien menues. Singez beaucoup & mouillez avec du bouillon. Faites enforte que cela foit bien lié. Affaifonnez de fel, poivre, & y mettez vos concombres. Faites long-tems mitonner enfemble. En finiffant une liaifon de quatre jaunes d'œufs faite avec de la crême ou du verjus dans la faifon, de la mufcade & un morceau de beurre manié. La fauce doit être un peu relevée.

Concombres en beignets.

Quand les concombres font Entrée. farcis & cuits, vous les égouttez & coupez en tranches. Etant bien reffuyés vous les trempez dans une pâte & les faites frire de belle couleur ; vous les fervez avec du perfil frit.

On peut les tremper dans une omelette, & les paner de mie de pain & parmesan, & les faites frire.

Concombres à la Bechameil.

Entrée. Vous les faites blanchir comme les concombres au blanc. Ensuite vous leur faites prendre goût dans de bon bouillon. Vous les faites égoutter long-tems, & vous les mettez dans une sauce à la Bechameil bien liée. On peut servir ce ragoût sous du veau ou autre.

Concombres farcies en maigre.

Etant vuidés & blanchis, vous hachez de la chair de carpe avec persil, ciboule, échalottes, de la mie de pain trempée dans la crême & desséchée, sel, poivre, muscade, basilic, trois jaunes d'œufs durs & trois cruds, & un bon morceau de beurre. Emplissez-en vos concombres & les faites cuire avec du jus maigre, quelques tranches d'oignon, un morceau de beurre, clou & basilic. Vous les servez avec du coulis maigre.

On fait des salades de concombres. Pour cela il faut les éplucher & les couper très-minces. Vous les faites mariner pendant un jour avec des tranches d'oignon, beaucoup de sel & un peu de vinaigre. Ensuite vous les pressez dans un linge & les battez bien pour en faire sortir l'eau, & vous en servez.

Façon de conserver les concombres.

Il faut prendre les plus jeunes, les plus unis & les plus blancs. Vous les mettez dans un vaisseau avec une saumure d'eau, de sel & de vinaigre. Il faut que le sel domine & que la saumure soit bien cuite. Vous mettez de l'huile par dessus de l'épaisseur d'un pouce.

Pour vous en servir vous les épluchez, & faites tremper dans l'eau tiéde & les changez d'eau. Vous les fricassez, mais ils sont plus durs à cuire à cause du sel.

Melons.

Entremets. On les mange ordinairement cruds, on en fait frire en les coupant en dez, & les faisant mariner dans l'eau-de-vie, & un peu de sucre. Ensuite vous les faites égoutter, & les trempez dans une pâte à bierre. Vous les faites frire & les glacez de sucre.

Façon de conserver les petits Melons.

Les plus petits sont les meilleurs. Vous ôtez leur duvet avec une serviette, vous les mettez dans un pot de terre. Faites bouillir de l'eau & un tiers de vinaigre avec du sel & clous de girofle. Versez votre assaisonnement tout bouillant dessus vos petits melons, & les laissez sur des cendres chaudes pour les faire verdir. Le lendemain vous faites la même chose jusqu'à ce qu'ils soient bien verts. Pour lors vous les couvrez,

& les serrez pour vous en servir au besoin, en salade ou en ragoût.

Ragoût de petits Melons.

Faites-les un peu dessaler à Ent. l'eau tiéde. Etant égouttés vous les méttez dans une casserole avec un pain de beurre, du blond de veau, poivre & muscade. Tournez sur le feu, & y mettez vos petits melons.

Ragoût d'Olives.

Tournez & faites blanchir des Entrée, olives après en avoir ôté les noyaux. Faites-les mijotter dans du blond de veau & vous en servez. Ils servent encore dans d'autres ragoûts pour garnir.

Ragoût de Pistaches.

Echaudez-les comme des amandes. Etant ressuyées vous les mettez dans du blond de veau, & vous en servez. Elles servent aussi dans plusieurs autres occasions, soit en gâteau ou dans les crêmes & autres.

Poturons ou citrouilles.

On s'en sert dans les potages, & on peut en fricasser.

Beteraves fricassées.

Entrée. Etant cuites & épluchées vous les coupez fort minces. Passez de l'oignon dans une casserole avec du beurre que vous avez fait roussir. Quand l'oignon est presque cuit singez un peu & y mettez vos beteraves. Assaisonnez de sel & poivre. Laissez cuire un peu. En finissant un peu de vinaigre ou moutarde. Elles sont bonnes en salade. On peut les faire frire.

Salsifix ou Scrésonnere.

Entremets. On les mange au beurre ou à la moutarde. On peut les faire frire comme les chervis, mais ils ne sont pas si bons.

Les topinambours ou pommes de terre, se mangent de même, avec sauce au beurre relevée, &

de la moutarde, ou cuits dans la cendre.

L'ail, l'échalotte, la rocambolle, le fenouil, le basilic, le laurier, le thin, la sarriette, la roquette, l'estragon, la pimpernelle, la corne de cerf, le cresson de fontaine, & le cresson à la noix, le baume, le romarin, le cerfeuil, l'alleluya, le triple-madame, la civette & autres légumes, ont leur usage chacun à leur tour, & quelquefois tous ensemble.

Les Cornichons d'Hollande & autres.

Ils s'accommodent comme les petits melons.

L'Achia.

C'est une racine ou montant Entrées qui vient des Isles, on la confit dans le vinaigre pur, & on l'employe comme les cornichons.

Capres.

Les bonnes viennent des Isles,

Il en vient d'Espagne, il y en a aussi dans ce Pays-ci. Elles servent à la cuisine dans plusieurs occasions, surtout en maigre. Pour les bien conserver, il faut toujours avoir soin qu'elles trempent bien dans le vinaigre.

Capucines.

Salade. On les confit dans le vinaigre dès qu'elles paroissent en bouton. On s'en sert dans les salades.

Bled de Turquie.

Il se confit de même, on le prend tout vert, encore en moëlle, & on le mange comme le cornichon ; c'est ordinairement entre les Notre-Dame qu'il est bon à confire ; ainsi que le cornichon & la passe-pierre.

Champignons.

On s'en sert presque dans tout ce que l'on mange. Ils sont d'un bon parfum, mais ils veulent être employés très-frais. Pour être bons il faut qu'ils soient blancs, durs & bien fermes.

Champignons à l'Italienne froids.

Panez des petits champignons sur le feu, avec un peu d'huile, des blancs de ciboule hachés. Mouillez d'un peu de vin blanc. Mettez-y persil haché, sel & poivre concassé. Etant refroidis vous y mettez jus de citron, des croutons de pain frits dans l'huile. Vous garnissez des filets d'anchois bien dessalés. *Entremets*

Champignons à la crême, ou pain aux champignons.

Prenez des petits champignons, bons & blancs que vous lavez & égouttez. S'ils sont gros vous les coupez en deux ou trois, & les mettez dans une casserole avec deux pains de beurre, un peu de sel, & un bouquet. Vous les mettez sur un fourneau & les faites cuire dans leur eau. Etant presque cuits & l'eau tarie, *Entremets* singez-les un peu & les mouillez d'excellente crême. Achevez de les faire cuire, & les servez avec des croutons ou un pain dessous, dont vous aurez ôté la mie, & que vous aurez fait sécher, beurré & poudré de sel.

Champignons à l'Italienne.

Entremets. Prenez des petits champignons bien lavés, & les mettez dans une casserole avec un oignon piqué de deux clous, deux gousses d'ail, & un demi-verre d'huile. Faites rendre leur eau & y mettez persil, ciboule, échalottes hachées. Singez un peu & mouillez de bon consommé ou bouillon. Mettez-y un demi verre de vin de Champagne, sel & poivre. Laissez mijotter, dégraissez, & servez sauce légere avec des croutons.

Champignons aux fines herbes.

Entremets. Prenez des gros champignons. Faites un trou au milieu. Arrangez-les sur une tourtiere avec du beurre dont vous frotez la tourtiere, de fines herbes, sel & poivre. Mettez dans une casserole des champignons hachés, persil, ciboule, échalottes, sel, poivre, basilic, du beurre, un verre d'huile, mêlez bien le tout ensemble. Mettez un peu de cette farce à chaque champignon. Panez-les d'une légere mie de pain, & les faites cuire au four de belle couleur.

On peut farcir ces champignons avec une farce de blancs de volaille ou autre.

Hachis de champignons. Entremets.
Hachez des champignons bien menus, faites-les blanchir dans du bouillon, & les faites égoutter. Vous les mettez ensuite dans une casserole avec du bon beurre, un peu de sel, six jaunes d'œufs frais, & durs hachés bien menus. Faites mijotter, mouillez de blond

de veau, garnissez de croutons, & servez.

On fait de petits hachis de ce que l'on veut.

Truffes.

Elles sont blanches, noires ou grises. Les cochons en sont fort friands, & servent souvent à les découvrir.

Entremets. ### Truffes en pâte.

Lavez & nettoyer de grosses truffes. Faites un morceau de pâte brisée, arrangez vos truffes dedans & en formez une tourte, & les couvrez de quelques bardes de lard. Recouvrez la tourte & faites cuire au four l'espace d'une heurre, tirez & servez.

Entremets. ### Truffes à la cendre.

Prenez de belles truffes que vous enveloppez de papier double & triple. Mouillez-les un peu & les enterrez dans la cendre chaude. Faites-les cuire l'espace d'une heure, & les servez sous la serviette.

Truffes à la Périgord.

Etant bien nettoyées vous les mettez sur le feu dans un chaudron avec du sel, & une bouteille de vin de Champagne. Faites bouillir un quart d'heure, & servez.

Truffes au beurre.

Coupez de belles truffes par tranches & les mettez dans une casserole avec deux pains de beurre, sel & gros poivre, passez-les un moment sur le feu, dressez-les & servez avec jus de cirron, si vous l'aimez.

Truffes à l'Italienne.

Epluchez de moyennes truffes & les coupez en tranches. Mettez-les dans une casserole avec un peu d'huile, sel & poivre, persil, ciboule, échalottes hachées, deux gousses d'ail piquées d'un clou. Laissez-les mariner jusqu'au moment de servir Ensuite vous les mettez un peu sur des cendres chaudes. Vous les égouttez, & mettez dans votre casserole un peu de bon bouillon ou vin blanc, la moitié d'un pain de beurre manié dans la farine. Faites bouillir, dégraissez, & servez sur vos truffes avec un petit jus de citron. Il faut que cette sauce soit perlée.

Ragoût de truffes.

Entremets. Etant épluchées & coupées vous les passez sur le feu avec un demi pain de beurre ou autre. Singez & mouillez d'un peu de bouillon, ensuite de blond de veau. Faites bouillir un moment. Dégraissez & servez.

Morilles à l'Italienne.

Entremets. Coupez-les en deux ou trois si elles sont grosses. Il faut les bien laver dans plusieurs eaux tiédes à cause du sable. Laissez-les égoutter & les mettez dans une casserole avec un bouquet, un peu de sel, un demi verre d'huile. Passez-les quelques tours jusqu'à ce qu'elles ayent rendu leur eau. Ensuite vous y mettez persil haché, blancs de ciboules, & un peu d'échalottes. Passez encore un tour. Singez & mouillez avec un peu de quinte-essence ou bouillon, un demi-verre de vin de Champagne. Laissez mijotter, dégraissez & servez avec jus de citron, & des croutons de pain.

Morilles en hatelets.

Lavez-les & les coupez en deux. Entremets Faites rendre leur eau. Otez-les de dessus le feu. Mettez-y deux pains de beurre, un peu d'huile, sel, poivre, persil, ciboule hachée, & échalottes. Etant marinées vous les embrochez dans de petites brochettes. Panez-les légerement, & les faites griller. Vous les arrosez de tems en tems & les servez avec le reste de leur sauce.

Morilles en ragoût.

Entremets. Etant bien lavées vous les passez dans une casserole avec un morceau de bon beurre & un peu de sel. Singez & mouillez avec du jus. Laissez-les cuire & les liez avec du blond de veau.

Morilles à la crême.

Entremets. Passez-les avec deux pains de beurre, un peu de sel, un bouquet, gros comme une noisette de sucre. Quand elles ont rendu leur eau, vous singez un peu & mouillez de bon bouillon. Mettez-y de la crême, garnissez de croutons & servez.

Morilles farcies.

Entremets. Prenez-les blondes & fraîches. Faites un trou par la queue & les lavez dans plusieurs eaux. Mettez-y une farce fine & les faites cuire dans des bardes de lard. Servez dessus une sauce à l'Italienne, ou blond de veau.

Mousserons à la créme.

Nettoyez & lavez des petits mousserons. Etant égouttés vous les passez dans une casserole avec d'excellent beurre. Faites rendre leur eau, mouillez de bonne crême. Faites-les mijotter doucement, & y mettez un peu de sel, & un bouquet. En finissant une petite liaison, s'il en est besoin. Vous pouvez mettre une croute dessous comme aux morilles, cela s'appellera croute aux mousserons.

Mousserons à l'Italienne.

Passez des mousserons avec un pain de beurre. Mettez-y persil, ciboule hachée, sel & poivre. Singez un peu & mouillez de quinte-essence ou bouillon, une cuillerée d'huile & un demi-verre de vin. Laissez mijotter le tout, dégraissez & mettez deux gousses d'ail piquées d'un clou, que vous ôterez avant que de servir. Garnissez de croutons passés à l'huile.

Mousserons en ragoût.

Entremets. Etant lavés & égouttés, vous leur faites jetter leur eau, avec la moitié d'un pain de beurre & un peu de sel. Mouillez-les de blond de veau léger & les faites mijotter. Dégraissez, & vous en servez à ce que vous voudrez.

On peut mettre en poudre les truffes, mousserons, & champignons. Pour cet effet vous les épluchez bien & les faites sécher au soleil ou dans le four. Vous en mettez autant de l'un que de l'autre. Ensuite vous les pilez, & les serrez dans des boëtes au sec pour vous en servir au besoin dans des farces, de gros lardons, pâtés maigres ou gras, dans les sauces hachées, dans des œufs brouillés & autres.

Bigareaux.

Vous les épluchez & les marinez comme les petits melons, & vous

vous en servez de même, on en fait des ragoûts

Ragoûts de Cerneaux.

Epluchez-les, & les faites blan- Entrée. chir avec un peu de sel, tranches de citron, & un morceau de beurre. Faites-les égoutter. Mettez dans une casserole du blond de veau, un pain de beurre manié, deux tranches de citron, sel, poivre, & un peu de muscade. Tournez la sauce, & mettez vos cerneaux dedans.

Groiselles vertes.

Epluchez-les, & ôtez les pepins, & les faites blanchir, & vous en servez.

Le citron a sa propriété dans toute l'étendue de la Cuisine.

La bigarrade de même.

Les bigarrades ou oranges d'Espagne sont bien supérieures pour le goût qui est moins fort & plus agréable; on s'en sert comme les autres.

Tome II. V

Différentes sortes d'Epicerie qui servent d'assaisonnement à la Cuisine, & pour garniture qu'il est nécessaire d'avoir dans les Grandes-Maisons.

Sel & Salpêtre dans l'occasion.
Poivre blanc battu.
Poivre concassé ou Mignonettes.
Poivre-long.
Girofle.
Basilic en poudre.
Sarriette en poudre.
Muscade.
Macis.
Gingembre.
Amandes douces, & amères.
Pistaches.
Raisin de Corinthe.
Coriandre.
Saffran.
Canelle.
Anis & Genièvre.
Citron.

Bigarrades d'Espagne & autres.
Orange.
Grenade, & pignon.
Verjus.
Moutarde grosse & fine.
Anchois.
Câpres.
Cornichons.
Olives d'Espagne & autres.
Sucre & Castonade.

Vins & autres liqueurs servant à la Cuisine.

Vin de Champagne, de Bourgogne, d'Espagne, du Rhin.

Vin blanc ordinaire, pourvu qu'il n'ait point de goût.

Le vinaigre blanc & rouge, & autre. L'huile très-fine

Fromages qui s'employent à la Cuisine.

Le Parmesan, il faut qu'il soit nouveau.

Le gruyere, il faut qu'il soit doux.

Le fromage de Brie, il faut qu'il soit doux & moëlleux.

Et le fromage blanc à dariolles, il faut qu'il doux.

On peut encore employer différentes sortes de fromages pourvu qu'ils soient bons.

Vinaigre à la Mariniere propre à différentes sauces.

Prenez dans le mois de Mai de l'estragon, du cerfeuil, de la pimpernelle, & du cresson. Faites-les sécher au soleil du midi. Quand le tout est bien sec vous le mettez dans une cruche. Joignez-y quatre gros oignons en tranche, douze gousses d'ail & autant d'échalottes, une pincée de coriandre concassée, une poignée de grains de moutarde, quatre citrons coupés en tranche, un gros de poivre-long, un demi-gros de macis, & vingt-quatre clous de girofle. Emplissez votre cruche de bon vinaigre. Bouchez-la bien & l'exposez au soleil pendant huit jours. Passez le vinaigre à la chausse, & le mettez dans des bouteilles pour vous en servir au besoin, selon votre goût.

Fin du second Volume.

TABLE
DES MATIÉRES,

Contenues dans ce second Volume.

SECONDE PARTIE.

CONTENANT la maniére d'apprêter toute sorte de viandes, tant Cochon, Sanglier, Volaille, que toute sorte de Gibiers, tant à poil qu'à plume; & différentes sortes de légume & herbage, &c.

CHAPITRE PREMIER.

Du Cochon.

TESTE de Cochon en façon de hures de Sanglier. Page 1
Tête de cochon en balon. 2

DES MATIERES.

Langues de porc fourée. 4
Panache de cochon en petit salé. 5
Oreille de cochon à la Sainte-Menehoult. ibid.
De cochon au Parmesan. 6
De cochon en menus droits. 7
Pieds de cochon à la Sainte-Menehoult. ibid.
Petit salé. 8
Queues de cochon à la Sainte-Menehoult. 9
Façon de faire le lard. ibid.
Oreilles de cochon de lait, Marcassin, Faon, Biche, Chevreuil, & autres. 10

Du Boudin.

Boudin blanc de fraise de veau ou d'agneau. 11
Boudin de cochon. 12
Blanc. 13
Délicat. 14
Blanc de lapin. ibid.
Des foyes gras. 15
Autre de foyes gras. 16
De faisans. ibid.

Blanc de Paysan.	17
D'écrévisses.	ibid.
Façon de faire des cervelats.	18
Cervelats à l'oignon.	19
A l'échalotte.	20
Aux truffes.	ibid.
Façon de faire des saucisses de cochon, & autres.	ibid.
Saucisses aux truffes.	21
Au persil.	ibid.
A l'Allemande.	ibid.
Plates.	22
De veau à la moëlle.	ibid.
Saucisses de venaison.	ibid.
Pain de boudinaille.	23

Différentes façons de servir les saucisses.

Saucisses au Parmesan.	24
Au vin de Champagne.	25
A la poële.	ibid.
En matelottes.	26
En crépines.	27
Saucisses, sauce aux truffes.	ibid.

Andouilles de cochon. 28
De fraises de veau ou d'agneau. 29
A la Provençale, à la coënne aux choux. 30
A la crême. 31
A la Sainte-Menehoult. 32
De bœuf, de palais de bœuf & de gras-double. 33
Echignée de porc au demi-sel. 35
Côtelettes de porc frais. ibid.
Semelle de filets mignons de porc frais. 36
Façon de faire les jambons. 37
De Mayence. 38
Saucisson à la Dauphine. 39
Jambon à la Bourgeoise. 40
A la braise. 41
A la daube, au cingarat. 42
Rôties au jambon. 43
Jambon à la broche. 44
Observations pour ce qui concerne le cochon. 45
Cochon de lait rôti. 46
Au Pere-Douillet. 47

Plusieurs entrées de cochons de lait. 48
Blanquette de cochon. ibid.
Cochon de lait fourré. 49
Pieds de cochon de lait. ibid.
Galantine de cochon de lait. ibid.
Plusieurs hors-d'œuvres avec la peau de cochon de lait. 51
Du Cochon sauvage, ou Sanglier. ibid.
On en fait des entremets froids, & de grosses entrées. ibid.
Observations sur le Sanglier, la laye, &c. 52
CHAP. II. *De la terrine en général.* 53
Terrine de toute sorte de viande de boucherie. 54
De poulets. 55
Royale. 56
Timballe à l'Espagnole. 58
Casserolle à la Provençale. ibid.
Pot Royal. 59
Terrine mêlée. 61
Hoche-pot. ibid.

DES MATIERES. 467
De lapins & anguilles. 62
Matelottes à la Dauphine. 63
A la Françoise. 64
A la Financiére. 65
Mêlée de queues & autres choses.
67
Au bouillon, au Vasterfiche. 68
Hachis ou pâté sans pâte. 69
Etuvée à la chique. 70
A la grand'mere. 71
Casserole accompagnée. 72
Piloturque au ris à la Françoise. 73
Gâteau de veau glacé. 74
A la Sainte-Menehoult. 76
CHAP. III. De la poule & du coq.
77
Poularde en mousseline. 78
Aîlerons de poularde au verd-pré.
ibid.
A la poële. 79
Piqués glacés. 80
Au naturel, 81
En chipoulate. ibid.
A la Hollandoise liés. 82
Aux fines herbes. 83

V vj

En boudin blanc. ibid.
En rissolle, en marinade. 84
A la poulette. 85
A la gaube. ibid.
Au verjus. 86
A la Sainte-Menehoult, au Par-
    mesan. idid.
Aux navets, en hatereau. 88
A la crême. 89
Au petit lard. 90
Cuisses de poularde à la daube, à la
    poële. 91
Au suprême. 92
Au Monarque. ibid.
En bottines. 93
Grillées à la Tartare, & Ravigotte. 94
A la Rocambole, au Carmagnole. 95
A la bonne femme. 96
Cuisses de poularde en Hoche-pot. 97
Au bouillon de lapreaux. ibid.
En étuvée. 98
Bachiques. 99

Matelotte de cuisses de poularde &
  autres. 100
Poularde à l'Angloise. ibid.
Accompagnée. 101
À la Montmorency. 102
En brodequins. 103
A la Tartare. 104
Aux truffes. ibid.
Au court-bouillon. 105
Aux huîtres. ibid.
A l'aurore accompagnée. 107
A la Villeroy, aux écrévisses; au
  sang. 108
Marinade, en galantine. 109
En canelons, au beurre d'écrévisses.
  110
A la Berry. 111
Aux fines herbes, à la cendre.
  112
A la poële, en grenadin. 113
Au Vasterfiche. ibid.
Au blanc manger. 114
A toute sorte de légumes. 115
Filets de poularde en blanquette, à la
  Béchamel. 117

A la créme, en écharpe. ibid.
Filets en clarquet 118
Feuilletons de poularde. 119
En hatereau. 120
A la créme. 121
Foyes gras à la broche, en caiſſon.
 122
A la poële, aux fines herbes, en
 coquilles. 123
En ſurpriſe ou en crépine. 124
En hatelettes. ibid.
Rôties de foyes gras. 125
Ragoût de foyes gras. 126
Kneffes à la moëlle. 127
CHAP. IV. Crêtes de chapon en
 pagote. ibid.
Au fenouil. 128
En menus droits, au Parmeſan.
 129
A la poulette, à l'appetit. 130
En ragoût, au blanc. 131
A l'étuvée. ibid.
En riſſolles. ibid.
En verd-pré, en allumettes. 132
A la Polonnoiſe, au ſaffran. ibid.

DES MATIERES. 471

CHAP. V. *Le Dindon vieux à la daube.* 133
Dindon jeune aux truffes. 134
Aux truffes, foyes gras, & petits oignons. 135
Au restaurant. ibid.
En galantine. 136
Fourré. ibid.
A différentes sortes de légumes. 137
Cuisses de dindon glacées. 138
Barbe-Robert. ibid.
A la crême, fourrée. 139
Aîlerons de dindon fourré. 140
Glacés. ibid.
Aux navets. 141
En surprise. ibid.
Pattes de dindon bottées. 142
A la Sainte-Menehoult, à l'Espagnole. ibid.
CHAP. VI. *Différentes façons d'accommoder les poulets, gras, communs, à la Reine & aux œufs.*
143
Fricassées de poulets. ibid.
A la crême, aux mousserons, à la

TABLE

Hollandoise.	145
Autre fricassée de poulets.	146
Giblotte de poulets, aux truffes.	147
A l'Italienne.	148
Poulets, sauce à la beccasse.	ibid.
Aux œufs à la Barbarine.	149
Au Vasterfiche.	151
A la Polonnoise.	152
A la cerfeuillade.	153
Poulets au verd-pré.	154
En papillottes.	155
En chipoulatte, en bressolle.	156
En boudin blanc.	157
Aux huîtres vertes, & aux truffes.	158
En marinade.	160
A la Tartare.	161
Gras aux huîtres.	ibid.
A la Sainte-Menehoult, mignons.	ibid.
A l'estoufade, ou à la cendre.	162
A l'Hollandoise, aux écrévisses, au beurre d'écrévisses, aux truffes.	163

DES MATIERES.

Aux truffes, à l'Italienne, à l'écarlate.	164
Au persil.	165
A la rocambole, à l'échalotte.	166
A l'Angloise.	ibid.
Aux cornichons.	167
A la vestale.	ibid.
A la brune foncée.	168
A la Margot. Fourrés.	169
A différentes sortes de légumes, aux artichaux à la Françoise, petite sauce.	170
Poulets à l'Allemande.	171
Au fenouil.	172
A la Ravigotte chaude.	173
En matelotte.	174
En fricandeaux.	175
Au Parmesan, en grenadins.	ibid.
Gras aux petits œufs.	176
Aux petits oignons.	177
Au beurre, au verjus.	178
A plusieurs sauces.	179
A la civette.	180
A l'abri au persil.	181
A la créme au blanc-manger.	ibid.

TABLE

En surprise.	182
Achettes de poulets.	183
Autres poulets au boudin blanc.	ibid.
A la Gouteau.	184
Au Sultan.	185
En cannesson.	ibid.
A la Carthagene.	186
Sans fard.	ibid.
A la Flamande.	187
Au beurre-verd.	188
Au fumet.	190
A l'Esculape.	191
Filets de poulets en caisson.	192
Cuisses de poulets.	ibid.
Poulets au saffran.	193
Observation sur la volaille.	ibid.

CHAP. VII. *Compôte de Pigeons.* 195

Fricassée de Pigeons.	197
Au petit lard, à la Bourgeoise, au sang.	198
Au gratin.	199
A la poële.	200
A la Duxelle, à l'Italienne.	201

DES MATIERES.

Aux fines herbes.	202
En surprise, en tortuë.	203
Aux tortuës.	205
Dans des oignons.	206
A la crapaudine.	ibid.
Joyeux.	207
A l'abri.	208
Compôte aux pois.	ibid.
Aux pointes d'asperges, en petits pois.	209
Autre aux pointes d'asperges.	210
Pigeons en grenadins.	ibid.
Au fenouil, autre au fenouil.	211
Au Soleil.	212
A la Lune.	213
Aux écrévisses.	214
Dans les écrévisses.	215
Aux écrévisses à la crême.	216
A l'écarlate.	217
En coquilles.	ibid.
En sur-tout dans des coquilles.	218
En sur-tout à la Sainte-Menehoult.	ibid.
Au Pere-Douillet.	219
A la Sainte-Menehoult.	220

Marinade au citron.	ibid.
En beignets.	221
Au basilic.	ibid.
Salmis de pigeons	222
Matelotte de pigeons.	223
En timbale.	224
En sur-tout.	ibid.
Au beurre.	225
Grenadins aux choux-fleurs.	ibid.
En crépinettes.	226
En crépine	227
A la civette.	228
A la marriniére.	ibid.
Au beurre de Provence.	229
Historiés.	230
A la Périgord.	231
Poulardés.	ibid.
A plusieurs sauces.	232
Poupeton de pigeon au sang.	233
Observation sur le pigeon.	234

CHAP. VIII. Caneton à la purée. 235

De Rouen au jus d'orange.	237
Canard au Pere-Douillet, à la braise,	238

En Macédoine. 239
En grenadins. 240
Aux navets. 241
A la Bourgeoise, aux navets, aux olives. ibid.
En balon, à la daube. 243
Filets de canard à la Mancelle. ibid.
Aux têtes d'huîtres. 244
Autres aux truffes & têtes d'huîtres. 245
Emincés aux concombres. 246
Oysons aux pois. 247
Oye à la broche. ibid.
A la moutarde. 248
A la daube. 249
Aîles & cuisses d'oye. 250
Cuisses à la Sainte-Menehoult, à la moutarde. 251
CHAP. IX. Gros liévre à la broche, aussi tendre qu'un jeune, & de meilleur goût. 252
Civet de liévre. 253
Liévre à la daube. 254
Haricots de liévre. 255

TABLE

Filets de liévre, sauce pointue, sauce au civet.	256
Gâteau de liévre.	257
Levreau à la hâte.	258
A la Suisse.	ibid.
Filets au beurre.	259
A la chicorée.	260
Levreau au sang.	ibid.
Filets à la sauce douce.	261
Lapreaux au gîte.	262
En fricandeaux.	263
Grenadins de lapreaux.	ibid.
Lapreaux roulés.	264
Botines de lapreaux.	265
Galantine froide.	266
Lapreaux au vis-à-vis.	267
A l'Angloise.	ibid.
En tortuës.	268
En timbale.	269
En caisse.	270
Aux truffes.	271
Aux morilles, mousserons ou champignons, à l'Italienne.	272
Aux petites herbes.	273
En brodequin	274

DES MATIERES.

Matelotte de lapreaux & d'anguilles. 275

Lapreaux au vin de Champagne. 277

A la braise, avec plusieurs sauces différentes. 278
Fricassée de lapreaux, ibid.
Marinade de lapreaux. 279
Haches de lapreaux. ibid.
Lapreaux au gratin. 280
En houlettes. 281
Filets à l'Espagnole. ibid.
Galimafrée. ibid.
Blanquette. 282
Filets émincés, aux concombres, à la Bechamel, au Cingarat. ibid.
Escalopes. 283
Escalopes à l'Italienne. 284
Cascalopes. 285
Filets de lapreaux au fenouil, & Balotines. 286
Lapreaux à l'Amiral. 287
Crépinettes de lapreaux. ibid.
Semelles de lapins. ibid.
Salade de lapreaux. 289

CHAP. X. *Faisans aux truffes.* 290
*Aux olives, à l'Espagnole, sauce
  à la carpe.* 291
Salmis. 292
Salmis au bouillon ibid.
Filets à la Manselle. 293
Filets aux foyes en puits. ibid.
*Beccasses à la broche, sauce au sal-
  mis.* 294
Salmis de beccasse. 295
*Filets au jus de canard, oiseau de
  riviere.* ibid.
Sur-tout de beccasse ou beccassine. 296
Beccassines à l'estoufade. ibid.
Beccots s'accommodent de même. 297
Beccots à l'Espagnole. ibid.
Aux truffes à l'Italienne 299
Au jus d'orange. 300
Leurs filets à la Manselle. 301
Ramereaux aux choux. ibid.
Au fenouil. 302
Aux tortuës. 303
Tourtereaux à la poêle, au fenouil.
  304
A la Duxelle. 306

Tourtereaux

DES MATIERES.

Tourtereaux au restaurant.	306
Salmis de mauviettes.	307
Mauviettes à la Genevoise.	308
Allouettes en caisse, au Parmesan.	309
En coque.	310
A l'Italienne.	311
Au fenouil, à l'Espagnole.	ibid.
Grives à la Bourgeoise.	312
Grives à la Moscou.	313
Sercelles aux truffes.	ibid.
Au jus d'orange.	314
Aux olives, à la broche.	ibid.
Filets de sercelles aux anchois.	315
Perdreaux à la Polonnoise.	ibid.
Perdreaux à la Coygni.	316
A l'Italienne.	317
A la carpe, aux fines herbes.	318
En galimafrée.	ibid.
Au bouillon, en salmis.	319
A la Manselle.	320
Sauce aux foyes.	321
Kneffes en Sultane.	322
Aux truffes, à la cendre.	324
Aux truffes.	325

Tome II.   X

TABLE

Salmis aux truffes.	ibid.
A la bonne femme, aux foyes.	326
A l'Espagnole.	327
Perdraux en grenadin.	ibid.
En giblotte.	328
Filets de perdreaux dans leur sauce, à la Sainte Lucie.	329
Côtelettes.	ibid.
Vieille perdrix à l'Espagnole.	330
Hachis de perdrix.	331
Perdreaux au beurre.	332
Pain de perdreaux.	ibid.
Perdreaux à la rocambole.	333
Cailles au laurier.	334
En crépines.	335
A l'appetit, à la poële.	336
A l'étuvée.	337
Autre étuvée.	338
En matelotte, aux truffes.	339
En timbale	ibid.
En sur-tout.	340
A l'éstoufade, au gratin, au fenouil.	341
A la Duxelle.	342
Aux choux.	343

DES MATIERES. 383

CHAP. XI. *Du rôti.* 344, *& suiv.*
De la poularde rôtie, &c. 348 *& suiv.*
Des pigeons de voliere. 351 *& suiv.*
De l'agneau. 353
Canards & autres. 354
Faisans & autres. 355
Beccasses, beccassines & beccots. 356
Cailles & cailleteau. ibid.
Oyes sauvages & autres. 357
Allouettes ou mauviettes. 358
Ortolans, liévres & lévreaux. 359
Chevreuil & autres. 361 *& suiv.*
CHAP. XII. *Du Ris. Ris meringué.* 363
Au saffran, au lait. 364
Glacé. 366
Au bouillon de navets. 367
La Semouille. ibid.
Le Gruau. ibid.
Le Geniévre. ibid.
Des Lentilles. 368
Lentilles fricassées. ibid.
A la Reine, en ragoût, à l'huile. 369
Orge mondé d'Hollande. ibid.

X ji

Pois nouveaux.	370
Ragoût de pois.	371
Petits pois à la créme.	372
Pois au lard.	ibid.
Pois fec.	ibid.
Féves de marais.	373
En Macédoine.	374
Haricots verds.	ibid.
A l'huile, au beurre.	375
Autre façon.	376
En allumettes.	ibid.
Autre façon d'allumettes.	377
Façon de conserver les haricots verds.	ibid.
Haricots blancs ou féves au gras.	379
Au bouillon.	ibid.
A la Maître-d'Hôtel, à l'ordinaire, à l'huile.	380
Feverolles ou petites féves rouges à la créme.	381
Perfil.	ibid.
Ciboule.	382
Matelotte de gros oignons.	ibid.
Ragoût de petits oignons.	383

DES MATIERES.

Autre ragoût.	ibid.
En salade.	384
Au blanc manger.	ibid.
Carottes & panais.	385
Ragoût de racines.	ibid.
Autre ragoût.	ibid.
Racines à l'huile.	386
Au beurre.	387
Racine de persil.	ibid.
CHAP. XIII. Choux frisés en purée.	388
Choux blancs à l'Allemande.	389
A la braise.	ibid.
Farcis.	390
Verds ou gelées à la braise.	391
Choux rouges, les mêmes confits.	ibid.
Sorcrote Allemande.	ibid.
Choux raves.	392
Choux brocolis.	ibid.
Choux maronnés.	ibid.
Chouées.	393
Cellery.	ibid.
Ragoût de cellery.	ibid.
Cellery frit en bâton.	394
Poireau.	ibid.

Rissolles de poireaux.	395
Raves & radix.	ibid.
Raviolles au bouillon.	396
Autres raviolles, en canelons.	ibid.
Navets en ragoût, au blanc, à la moutarde.	397
Bouillon de navets,	398
Terrine de gros navets.	ibid.
Laituës en ragoût.	399
A la Dame Simonne.	ibid.
Farcies, frites.	400
Montant de laituës au bouillon ou au jus.	401
Chicorée.	ibid.
Ragoût de chicorée.	402
Autre au blanc.	403
Oseilles, farce maigre.	404
Au gras, jus d'oseille.	405
Cardes poirées maigres, au beurre.	406
Les mêmes au gras, au Parmesan.	407
Pourpier.	408
Epinars au beurre, au bouillon, à la Bourgeoise, à l'huile, au gras.	409

Passepierre.	410
Cardes d'Artichaux au jus.	411
Au bouillon, ou au beurre.	413
Au Parmesan.	ibid.
Asperges au beurre, à l'huile, au jus, en ragoût, en petits pois, & à la créme.	414 & suiv.
Maniere de les conserver.	416
Houblon.	417
Artichaux.	ibid.
Au beurre, à la Barigoult, à l'Italienne, à la Garonne, frits. & suiv.	418
Les mêmes à la Provençale.	421
En surprise, à l'éstoufade.	423
Aux cristaux & à la poulette.	ibid.
A l'échalotte, à la Sicilienne.	424
Au jus, au michon.	425
Au verjus, au Parmesan.	426
En beignets, aux fines herbes.	427
A la Sainte-Menehoult.	428
En salade, au citron.	429
Au jus de veau à la glace.	430
A la Maingui.	431
Façon de conserver les artichaux.	ibid.

TABLE

Autre façon de conserver les artichaux.	432
Choux-fleurs au beurre.	ibid.
A l'huile, au jus.	433
A l'Espagnole, au Parmesan.	434
Façon de conserver des fruits verds au vinaigre.	435
Ragoût de verjus.	ibid.
Maniere de le conserver.	436
La patience, bouillon.	ibid.
Les réponses, salade.	ibid.
L'ache.	ibid.
Les chervis.	ibid.
Bourache & ulose.	437
Concombres en ragoût.	ibid.
Concombres farcis, au blanc.	438
En beignets.	439
A la bechamel.	440
Farcis en maigre.	ibid.
Façon de conserver les concombres.	441
Melons.	442
Façon de les conserver.	ibid.
Ragoût de petits melons.	443
D'olives.	ibid.

De

DES MATIERES. 489

De pistaches.	ibid.
Poturons ou citrouille.	444
Bétraves fricassées.	ibid.
Salsifix ou Scresonnaires.	ibid.
Cornichons d'Hollande & autres.	445
L'Achia.	ibid.
Capres.	ibid.
Capucines.	446
Bled de Turquie.	ibid.
Champignons à l'Italienne froids.	447
A la créme, ou pain de champignons.	ibid.
A l'Italienne.	448
Aux fines herbes.	ibid.
Hachis de champignons.	449
Truffes en pâte, à la cendre.	450
A la Perigord, au beurre, à l'Italienne.	451
Ragoût de truffes.	452
Morilles à l'Italienne.	ibid.
En hatelets.	453
En ragoût, à la créme farcies.	454

490   TABLE, &c.

Mousserons à la crême, à l'Italienne. 455
En ragoût. 456
Bigarreaux. ibid.
Ragoût de cerneaux. 457
Groseilles vertes. ibid.
Différentes Epiceries pour la Cuisine. 458
Vins & autres liqueurs servant à la Cuisine. 459
Fromages qui s'employent à la Cuisine. ibid.
Vinaigre à la Marinière propre à différentes sauces. 460

Fin de la Table du second Volume.

De l'Imprimerie de P. Al. Le Prieur.

www.ingramcontent.com/pod-product-compliance
Lightning Source LLC
Chambersburg PA
CBHW060235230426

43664CB00011B/1656